魅せる技術

女優・菅野美穂 守護霊メッセージ

RYUHO OKAWA
大川隆法

本霊言は、2014年1月24日、幸福の科学総合本部にて、
質問者との対話形式で公開収録された（写真上・下）。

まえがき

ああ、やっぱり女優・菅野美穂《かんのみほ》さんの守護霊メッセージを出してしまったか。夫の堺雅人さんの「人気絶頂男の秘密」を企画した時、こうなるんではないかと感じてはいたのだが。二十代の早い頃、テレビドラマに出演している姿を見た時、神秘的な何か、霊的な何かをビリビリと感じたのを憶《おぼ》えている。間違いなく、「魅せる技術」を持っている女優さんである。

その秘密が宗教的な感性から出ているのは、本文を読めばわかる通りである。私もささやかながら時々映画を創ったり、スター養成部門のお手伝いをしているので、気になる女優さん、男優さんは、ウオッチし続けている。私が霊的バイブレーションを感じていたお二人がご結婚されて、その不思議さに心打たれている。
主婦業との両立は難しいだろうが、今後とも心に残る演技を続けて下さることを希望している。

二〇一四年　二月十八日

幸福《こうふく》の科学《かがく》グループ創始者兼総裁《そうししゃけんそうさい》　大川隆法《おおかわりゅうほう》

魅せる技術

目次

「霊言現象《れいげんげんしょう》」とは、あの世の霊存在の言葉を語り下ろす現象のことをいう。これは高度な悟《さと》りを開いた者に特有のものであり、「霊媒現象《れいばいげんしょう》」（トランス状態になって意識を失い、霊が一方的にしゃべる現象）とは異なる。外国人霊の霊言の場合には、霊言現象を行う者の言語中枢《ちゅうすう》から、必要な言葉を選び出し、日本語で語ることも可能である。

また、人間の魂《たましい》は原則として六人のグループからなり、あの世に残っている「魂の兄弟」の一人が守護霊《しゅごれい》を務めている。つまり、守護霊は、実は自分自身の魂の一部である。したがって、「守護霊の霊言」とは、いわば本人の潜在《せんざい》意識にアクセスしたものであり、その内容は、その人が潜在意識で考えていること（本心）と考えてよい。

なお、「霊言」は、あくまでも霊人の意見であり、幸福の科学グループとしての見解と矛盾《むじゅん》する内容を含《ふく》む場合がある点、付記しておきたい。

魅せる技術

女優・菅野美穂
守護霊メッセージ

2014年1月24日　収録
東京都・幸福の科学総合本部にて

菅野美穂《かんのみほ》（一九七七〜）

埼玉《さいたま》県出身。一九九二年に芸能界デビュー。一九九六年に、ドラマ「イグアナの娘《むすめ》」で主人公を演じ、演技力が高く評価される。その後も演技派女優として、多重人格者、聴覚《ちょうかく》障害者、等身大の女性像から迫力《はくりょく》ある悪女《あくじょ》役まで、幅広《はばひろ》い役《やく》柄《がら》をこなす。また、ドラマや映画や舞台《ぶたい》だけではなく、バラエティー番組等でも活躍《かつやく》。夫は、二〇一二年公開の映画「大奥《おおおく》」で共演した俳優の堺雅人《さかいまさと》。

質問者　※質問順

竹内久顕《たけうちひさあき》（幸福の科学宗務《しゅうむ》本部第二秘書局局長代理）

天雲菜穂《てんくもなお》（幸福の科学第一編集局長）

愛染美星《あいぜんみほし》（幸福の科学メディア文化事業局スター養成部担当参事）

［役職は収録時点のもの］

1　堺雅人《さかいまさと》に続き、菅野美穂《かんのみほ》の守護霊《しゅごれい》を招く

「スターになるためのヒント」を訊《き》いてみたい

大川隆法　今日も難度が高いテーマであり、私も頑張《がんば》らなくてはいけません。

今、幸福の科学は、スターが欲《ほ》しい時期ですが、スターになれる技術のようなものを智慧《ちえ》にすることができれば、いろいろな部門で、外に出せる人をつくっていけるわけです。このへんは、まだ教えとして十分ではないので、何らかの輝《かがや》きを持っている人の意見等を訊《き》いてみたいと思います。向こうは気がついているかどうかは知りませんが、われわれにとっては学ぶべきヒントがあるということもあるでしょう。

先般《せんぱん》も、昨年（二〇一三年）非常にブレイクした堺雅人《さかいまさと》さんの守護霊《しゅごれい》メッセージを録《と》り、現在、会内で上映もしているのですが（『堺雅人の守護霊が語る 誰《だれ》も知らない「人気絶頂男の秘密」』〔幸福の科学出版刊〕参照）、「奥《おく》さんの守護霊も出してほしい」という声がすでに出ています。

堺さんの本が出たあとは、必ず、「菅野美穂《かんのみほ》さんの本も出してくれ」という声がたくさん出てくるだろうと今から推定はしていますので、準備をしたほうがよいでしょう。

菅野さん本人とは、意識がだいぶ通じてきており、今週あたりから守護霊が来始めていて、昨日《きのう》のお昼ごろから、「（霊言《れいげん》を）録りたい」というようなことを言

2013年に人気が急上昇した俳優・堺雅人の守護霊に、「人気の秘密」「ヒットの秘密」をインタビューした。
（幸福の科学出版）

ってきていました。

ただ、なかなか難しくはあり、ドラマ等、数多くの作品に出ている方なので、私もすべてを勉強できてはいません。何本かの映画と、何作かのテレビドラマは観《み》ましたし、そのほかには、「インド紀行」(「菅野美穂　インド・ヨガ　聖地《せいち》への旅」)や、最近では、結婚《けっこん》されてからあとの「モロッコ紀行」(「菅野美穂がゆく〝色彩《しきさい》の王国〟モロッコ１５００㎞紀行」)あたりの番組を観《み》ましたが、そのくらいではありますので、作品の数の多さを見ると、やや難しいと率直《そっちょく》に感じます。

非常に芸の幅《はば》が広い「女優・菅野美穂」

大川隆法　菅野美穂さんは、いわゆる美人女優としてヒロイン役もできる方ではあるけれども、性格女優としての面も持っており、いろいろと難しい役を演じる方でもあると思います。

また、かなり霊的《れいてき》なものを感じることがあるので、おそらく霊体質の方ではないでしょうか。直感的にではありますが、「宗教は、たぶんお好きなのではないか」というのが私の感想です。

映画「大奥《おおおく》」で共演した堺雅人さんと結婚したわけですが、その前の二〇一一年には、「ジーン・ワルツ」で、非常に冷徹《れいてつ》で理性的な女医を演じました。それから、最近では、「奇跡《きせき》のリンゴ」に出演しています。これは、青森の無農薬栽培《さいばい》のリンゴ農家の話で、十一年目に立派なリンゴができるまでの間《あいだ》、非常に苦労し、つらい時期を過ごした夫婦《ふうふ》の役を、阿部《あべ》サダヲさんと共演していました。

ところが、そういう農家のお嫁《よめ》さんの役をする一方、岡田准一《おかだじゅんいち》さんとドラマ「虹《にじ》を架《か》ける王妃《おうひ》」で共演し、韓国《かんこく》の元皇太子の奥さんとなった皇室の方子《まさこ》女王の役もやれば、前述の「大奥」で〝女性将軍〟としての綱吉《つなよし》の役もやっています。そのように、何でもやる方ではあるので、そうとう芸の幅《はば》は広いという感じがします。

もちろん、私は、作品全般について話すほどの知識を持ってはいないのですが、前述した、ガンジスの源流を求めて、途中《とちゅう》でヨガなどをやったりしながら、ルポルタージュ風《ふう》にインド旅行をする番組も印象深いものがありました。

あるいは、最近、「結婚したので、これから好きな旅行があんまりできなくなるかも」と言ってはいましたが、モロッコに行った番組がテレビで流れていました。パリ経由でモロッコへ入り、「ピンクの街《まち》」とか、「青の街」とかを訪ねて、いろいろと探検していましたけれども、なかなか幅広い感じがします。

また、どれも地《じ》でやっているように見えるものの、実は、それが演技であるようなタイプの方であり、その意味では、すごいと思います。

例えば、ルポルタージュ風の紀行番組についても、地でやっているように見えるのですが、それでいて隙《すき》はないので、ある種の役者としての立場をもってやっているのでしょう。

それから、台詞《せりふ》として覚えているものもあるのだとは思いますが、モロッコ紀行の番組を観ると、英会話もかなりできますし、岡田准一さんと共演した前述の「虹を架ける王妃」では、韓国語でも会話をしていました。

ちなみに、モロッコ紀行の番組では、一部、フランス語も話していましたし、スペイン語らしきものも少し話していました。また、アラビア語も現地で聞いて覚えて話していましたから、「けっこう、やるな」という感じはしたのです。

台詞を覚える能力があれば、オウム返しのように、すぐにいろいろな言葉を覚えられるのか、あるいは、努力の産物なのか、それは分かりませんが、そう簡単には各国語を話せるものではありません。

おそらく、ドラマ等に出ている合間に勉強をして、さまざまな教養を積んでいるのではないでしょうか。

さまざまな分野で求められる「魅《み》せる技術」

大川隆法　もしかしたら、結婚して静かな生活を求め、主婦に近い生活を送りたいと思っている可能性もありますので、そういう意味では、本日の霊言収録は、「迷惑《めいわく》かもしれない」という感じもするのです。

「アラフォーですから」と言いながら、料理もかなりしておられるようですので、平和な生活を乱すのであれば申し訳ないとは思います。ただ、一方では、才能のある方だから、まだ、ときどきは出てこられるのではないかとも思っています。

また、ご主人の霊言も録りましたので、そのへんとの兼《か》ね合いについても訊《き》くべきところはあるかもしれません。

なお、幸福の科学にも、スター養成部がありますし、幸福の科学学園でも、ダンス部等が頑張っています（注。幸福の科学学園中学チアダンス部が、創立三年で、二〇一三年の世界大会で準優勝するなど活躍している）。

さらには、政党（幸福実現党）もありますが、「どうしたら人気が出るのか」、みな頭を悩《なや》ませているところでしょう。

宗教の面でも、講師たちは、「どうすれば人気が出て、多くの人が集まってくれるか」「こちらから追いかけなくても向こうから来てくれるような講師になるには、どうしたらいいか」ということを考えているはずです。

こうした「人に見られて、人気が取れるかどうか」という「魅《み》せる技術」「引き寄せる技術」「相手を惹《ひ》きつける技術」については、学べるものなのか、天性のものなのか、分からないところはあります。

しかし、何らかの努力をすれば、それなりに目覚めるものもあるのではないかと思うのです。

このへんの「魅せる技術」については、選挙などでも同じく必要でしょう。

ちなみに昨日は、昼は菅野さんの守護霊でしたが、夜の八時ごろからドクター・中松《なかまつ》さんの守護霊がやってきて、ウロウロしていました（会場笑）。「ご挨拶《あいさつ》に来た」ということで、「今回は何もないんでしょうか」というような感じだったのです。もちろん、「ご挨拶に来た」という言葉の意味は、だいたい分かります（注。ドクター・中松氏は、二〇一四年二月九日の東京都知事選挙に立候補していた）。ただ、私は、「いろいろ事情がございまして……」と答えました。やはり、私としては、選挙の街宣を行うよりも、将来に向けての種まきを少しでもしておきたいと考えているのです。

おそらく、こうした魅せる技術について研究しておくことが、今後、いろいろなところで役に立つのではないでしょうか。

また、当会も、芸術系のほうに、やや強みが出てきつつあるので、将来的には、幸福の科学大学にも、演劇など芸術的な部分ができてくる可能性もあるかもしれません。そういう感じがしているので、研究しておく必要があるかと思います。

女優・菅野美穂の守護霊を招霊《しょうれい》する

大川隆法　お呼びしてみて、どんな感じになるか分からないところもありますし、私で十分に通じるかどうか分かりません。おそらく美しい感じは出ないと思いますが（笑）、活字に起こせばそれらしい感じにはなってくるでしょう。

確かに、この人は、霊的なものを演じたときには、シャーマン的な雰囲気《ふんいき》も出ます。そういう意味では、どういう方面の霊界《れいかい》につながっているか分からないところもあるようには感じます。

例えば、稲垣吾郎《いながきごろう》さんと共演した「催眠《さいみん》」という映画があります。一九九九年公開ですから、十五年ぐらい前の作品になりますが、そこでは、四重人格の女性

●シャーマン　神降ろしをする祈禱師や呪術者、巫女などのこと。神仏や霊的存在と交流する力を持つ。

を演じていました。そのなかには宇宙人もいて、「私は○○星から来た者です」などという台詞があったかと思います。幸福の科学でも、宇宙人リーディングを行ってはいますが、その映画を観ていておかしくなるような怖《こわ》くなるような、何とも言えないものを感じました。

もしかしたら、今、彼女がこの場にいて、別な人の魂《たましい》を入れた場合、すぐにスポッと入るような方ではないかという気もします。

さて、そのへんを前置きにして内容に入りたいと思います。

（質問者に）あとはみなさんの引き出す力次第《しだい》ですので、よろしくお願いします。

作品等は大して観ていませんので、普遍《ふへん》的に遺《のこ》るようなものを引き出していただければ幸いです。

それでは、昨年、俳優の堺雅人さんと結婚をなされ、女優として活躍《かつやく》してこら

●宇宙人リーディング　高度な霊能力によって、地球に転生してきた宇宙人の魂の記憶を読み取ること。あるいは、宇宙人当時の記憶を引き出してきて、その意識で語らせること。

れました菅野美穂さんの守護霊をお呼びして、その演劇論といいますか、女優としての技術、人に見られる技術等について、何らかのヒントを頂ければ幸いだと思っております。

女優・菅野美穂さんの守護霊よ。

女優・菅野美穂さんの守護霊よ。

どうか、幸福の科学総合本部に降りたまいて、そのお心のうちを明かしたまえ。

女優・菅野美穂さんの守護霊よ。

(約十秒間の沈黙《ちんもく》)

2　菅野美穂は「乗り移り型」女優

女優は〝小賢《こざか》しいこと〟を言わないほうがよい

菅野美穂守護霊　アッハハハハ。

竹内　おはようございます。

菅野美穂守護霊　こんなところに呼ばれるなんてねえ。

竹内　菅野美穂さんの守護霊様でいらっしゃいますか。

菅野美穂守護霊　もう、演技のしようがないじゃないですか。

竹内　本日は、幸福の科学の総合本部にお越《こ》しいただきまして、まことにありがとうございます。

菅野美穂守護霊　ええ。なんか、主人がお世話になったみたいで……（注。二〇一四年一月六日、菅野美穂の夫である俳優・堺雅人《さかいまさと》の守護霊の霊言《れいげん》を収録した。前掲《ぜんけい》『堺雅人の守護霊が語る　誰《だれ》も知らない「人気絶頂男の秘密」』参照）。

竹内　はい。先日は、ご主人様（の守護霊）に、素晴《すば》らしいインタビューを頂きまして、ありがとうございました。

菅野美穂守護霊　ええ。彼の人気が出るといいなと思っています。

竹内　はい。

今、菅野美穂さんは、まさに、何百万、何千万の人たちの心を惹《ひ》きつける術《すべ》、「魅《み》せる技術」を持たれている方だとお見受けしています。

菅野美穂守護霊　まあ、おっしゃいますねえ。でも、もう引退間際《まぎわ》の女優でございまして、〝廃馬寸前《はいばすんぜん》〟なんです。

竹内　いえ。これから、さらに技術を上げていかれ、さらに人気を得ていくのではないかと思うのですけれども……。

菅野美穂守護霊　そうかなあ。ああ、お婆《ばあ》さんの役とかねえ。

竹内　いえいえ（苦笑）。

菅野美穂守護霊　それは、樹木希林《ききききりん》さんとか、うまい人が、いろいろいますから、ああいうふうなところまで目指せば、まだ（女優としての）命はあるかもしれませんね。

竹内　今日は、「演技の勉強の仕方」や「人気の集め方」など、さまざまなことについて伺《うかが》っていきたいと思いますので、どうぞよろしくお願いいたします。

菅野美穂守護霊　ああ、お手柔《てやわ》らかにお願いします。

竹内　はい。

菅野美穂守護霊　なかなか、女優というのは、そういう〝小賢《こざか》しいこと〟をあまり言うとよくないものでして、脚本家《きゃくほんか》やプロデューサー、あるいは、監督《かんとく》の言うとおりに、ただただ演じているだけの、本当に操《あやつ》り人形にしかすぎないんです。「糸を引く人」が賢《かしこ》くなければいけなくて、私たちは言われたとおりにやっているだけなんですよね。

竹内　そうですか。非常に謙虚《けんきょ》な（笑）……。

菅野美穂守護霊　いえいえ。本当にそうなんですよ。

竹内　ああ、そうなんですか。

菅野美穂守護霊　もう中身なんか何も要《い》りません。中身は全部、人がつくってくださるし、外側の舞台《ぶたい》装置とかもそうですが、いろいろな場所も、みんな決めてくださるし、すべて準備してくださいます。

私たちは、ただただ、言われたとおりに演技をして、言葉を覚えるだけなんです。そういう仕事ですので、そんなに難しいものじゃないんです。

多彩《たさい》な役を演じる努力をしている「本当の理由」

竹内　まず、私から最初に伺いたいのは……。

菅野美穂守護霊　（竹内に）あなた、〝いい感じ〟ですね。俳優にでもなられたほうがいいんじゃないですか。

竹内　いえいえ（苦笑）。私は、菅野さんの作品を何本か観《み》させていただいたのですが、すごく驚《おどろ》いた点がありました。

菅野美穂守護霊　ああ、そうですか。

竹内　私は、菅野さんを観ていて、幅広《はばひろ》い役を演じるところに、すごく感動したのです。

菅野美穂守護霊　ありがとうございます。

竹内　先ほど、総裁の話にもありましたが、例えば、「催眠《さいみん》」という映画では、多重人格者を演じられていました。特に、最後のほうの悪霊《あくりょう》が入ってくるかのようなシーンについては、私も、観ていて、体にビリビリと電気が走るような衝撃《しょうげき》を受けました。

また、ドラマ「蜜《みつ》の味」では悪女《あくじょ》の役もされていたと思うのですが、そうした、ダークな役を演じている一方、去年（二〇一三年）は、映画「奇跡《きせき》のリンゴ」で夫を支える献身《けんしん》的な妻を演じたり、さらに、「働きマン」というドラマでは、ビジネスウーマンを……。

菅野美穂守護霊　よく観ておられますねえ。

竹内　いえいえ（苦笑）。
これだけ多様な……。

菅野美穂守護霊　あの、仕事のほうは大丈夫《だいじょうぶ》ですかぁ？

竹内　大丈夫です（苦笑）（会場笑）。

菅野美穂守護霊　余計な心配ですけども……。

竹内　家に帰ってから観ていますので（笑）。

ところで、こういった多様な役を演じていると、俳優さんのなかには、役の演じ方が似てくる人もけっこう多いと思うのです。

菅野美穂守護霊　まあ、そうなんですね。

竹内　でも、菅野さんの場合は、それぞれの役を完全に〝別個性〟で演じられています。このへんができる人は、なかなかいないんじゃないでしょうか。

私は、それにすごく感動しましたが、おそらく、菅野さんのファンのなかにも、そう感じている方がたくさんいらっしゃると思います。そこで、なぜ、多彩《たさい》な役を演じられるのかについて伺いたいのですけれども……。

菅野美穂守護霊　うーん。まあ、わりに早いうちから、そういう複雑な役みたいなのに起用されたので、私の使い道として、「普通《ふつう》とは、ちょっと違《ちが》う独特な味が出せる」というあたりが注目されたんじゃないかなと思うんですよね。
私なんかよりも、ずーっとずっと美人の女優さんは、山のようにいらっしゃいますし、私なんかは、ドナルドダックみたいな……、ああ、ドナルドダックじゃなかったかかな？　女性のほうは違いましたね。

竹内　デイジーダックですね。

菅野美穂守護霊　デイジーさんですね。私は、そのような口をして、パクパクしているだけですので、本当の美人女優じゃないと思うんですけどねえ。
大川隆法さんが、「催眠」の映画をご覧になられ、みんなに、「これは（ホラー映画の）〝貞子《さだこ》3D〟だ。観ないほうがいい」とおっしゃっていたのを聞いて、

「あんまりにも迫力《はくりょく》がありすぎて、怖《こわ》かったのかなあ」と、少し残念な感じが……、まあ、若いころの作品なんですけどねえ。

（質問者に）私、そんなに怖いですかねえ？

なんか、私には、幽霊《ゆうれい》役みたいなのが、はまるところがあるらしいので、「あんまりそちらに使われすぎると、色が付くので危険だな。ほかの役もできるように、一カ所でイメージが固まらないようにしよう」とは思っているんです。

だから、「大奥《おおおく》」みたいなのに出たあとには、「農家の主婦」みたいな役もやって、少し「庶民《しょみん》の味」を出しておかないと、また、次のいろいろな役にかかれないところがあるんですよね。

そのへんは努力して、「いろいろな役に挑戦《ちょうせん》してみよう」という気持ちを、自分では持っています。

スタッフや共演者に対して「謙虚《けんきょ》な思い」を語る

菅野美穂守護霊　あなた（竹内）がおっしゃることを、あえて自分で解説できるかどうかは分からないんですけども、まあ、ここで言ってはあれですが、どのときも、ある意味での「自己催眠」をかけているところがあって、自分で、一生懸《いっしょうけん》命《めい》、「（役に）なり切ろう、なり切ろう」と催眠をかけているんです。

例えば、リンゴ農家の嫁《よめ》なら、リンゴ農家の嫁で、「『十年間、耐《た》えている』という役になり切ろう」と思って、一生懸命、自分でやっています。

周りの方は、みんな、寒い青森で一カ月、二カ月と、ずっとロケしておられるし、映像に映っていない方々が、陰《かげ》でものすごく頑張《がんば》ってくださっていますのでね。

何とか、その期待に応《こた》えなきゃいけないし、演技も、「なるべく一発で決めたい」という気持ちは、いつも持っているんです。まあ、なかなか思うようにはいきませんけどね。

でも、阿部《あべ》サダヲさんが、すごくいい味を出してくださったので、非常にやりやすかったですね。

いつも共演者に恵《めぐ》まれるんですよ。なかなか、私が釣《つ》り合わないような一流の方が、共演者としてたくさん出てくださるので、共演者の方の持っておられる才能とか、オーラとか、そういうものに感応《かんのう》して、「自分も、それに合わせて、釣り合うような相手にならなきゃいけない」と思っていますし、「毎回毎回が勉強」っていう感じがしています。

「役に、はまった」と思う瞬間《しゅんかん》に起きている霊的《れいてき》な真実

竹内　今、「自己催眠」のお話があったのですが、ご主人である堺さん（の守護

霊）も、先日の霊言のなかで、「自己催眠」についておっしゃっていまして……。

菅野美穂守護霊　あっ、そうですか。

竹内　ええ。「自分に催眠をかけなければいけない」と言っておられました。

菅野美穂守護霊　ああ。

竹内　実は、人気の出る女優さんや俳優さんは、この「自己催眠」というものによって、人を惹きつける何かを得ているのではないかと思うのですが、その「自己催眠の秘密」といいますか、どのように、そうされているのでしょうか。

菅野美穂守護霊　まあ、難しく言えば「心理学」なんでしょうけどもね。学問的には、私にも分かりませんが、うーん……。

でも、俳優っていうのは不思議な職業じゃないですか。普通は嘘《うそ》を言ったり、人を騙《だま》したりしたら、それは罪になりますよね。他人のふりをして、やったりしたら、詐欺《さぎ》とか、いろいろな犯罪にもなりますけども、役者の世界だけは、「他人のふりをして、いかにもそっくりだったら、大勢の拍手《はくしゅ》をもらえる」みたいな、不思議な世界ではあるわけです。

だから、あくまでも、「違う人を演じているんだ」という意識はどこかに残っていなきゃいけないんだけど、「役割上、違う人を演じている」という気持ちを持っていると、観ている方が感情移入してくださらない面が、どうしてもあるので。

私たち、演技をする者は、ほとんど、みんなそうなんですけども、まあ、すでに亡くなっている人を演ずることもたくさんありますので、実際、撮影《さつえい》の前には、必ず祈願《きがん》をしますね。よく神社へ祈願に行ったり、お寺でお祓《はら》いを受けたり、いろいろするんです。

でも、すでに亡くなっている人を演じる場合、役者はみんな、「乗り移ってくる」ということを、いちおう感じてるんですね。「乗り移ってくるかも……」というか、実際、乗り移ってくることを、自分で感じるときがあるので、そういうときは、「役に、はまったんだ」と。

要するに、亡くなられた方が出てきて、自分に乗り移ってきた感じがしたら、「この役の演技に対して、本人から合格点が出たんだ」と感じるんですよ。

一方で、「乗り移ってきたという感じがしないから、この役は、自分にとって、ちょっと外れた役なのかなあ。自分に合っていなかったかな」と思うこともあります。

ただ、「乗り移ってくる瞬間《しゅんかん》」っていうのがあって、まあ、天国に行っている方と、地獄《じごく》に行っている方と、両方いらっしゃるんだと思うんですが、天国に行っている方が乗り移ってくるときは、やっぱり、体が熱くなってくるような感じがします。

逆に、地獄へ行っておられるような、悲しい死に方をなされた方の役を演じる場合は、やはり、ゾクゾクするようなものを感じますねえ。

そういう意味では、「霊体質」でなきゃいけないっていうのはそのとおりで、私は、客観的には、明らかに、「憑依《ひょうい》型」「乗り移り型」と言われるタイプの女優だと思うんです。

個人的には、日ごろから、「何とか、そういうふうな自分になろう」と努力する気持ちを持ってはいるんですけどね。「なり切ろう」という努力をしてるので。まあ、もとが〝空《から》っぽ〟ですので、何でも入るんですよ。だから、（霊が）入

●憑依　霊などが人間に乗り移り、影響を及ぼすこと。

ってくると、その人になってしまう。

中身がたくさんある人は、「その人らしいかたち」が、すでにできてしまっているので、ほかのところで使えなくなるんですよね。

だから、まあ、「無我《むが》の境地」と言えば、少し過ぎるし、「空《くう》」と言っても過ぎてしまいますけれども、なるべく「『がらんどう』になろう。『器《うつわ》』になろう」と思っているところはあります。

●**無我の境地**　利己心を薄め、心を透明化した状態のこと。自我意識からくる執着を断つと現れてくる悟りの境地。

●**空**　仏教用語で、仏のエネルギーがさまざまに変化していくことを意味する。

3 日ごろ交流している「神様」とは

菅野美穂がつながっているのは「芸能系の神」だけではない？

竹内　「プロの演技」については、こちら（愛染）のほうに譲《ゆず》りまして、私のほうからは、その霊的《れいてき》な背景のところを、さらに伺《うかが》いたいと思います。

菅野美穂守護霊　うーん。

竹内　冒頭《ぼうとう》で、総裁が、「菅野さんは、演じているときにシャーマン的になる」と述べていたのですが、ご主人（守護霊）のほうも、ドラマ「塚原卜伝《つかはらぼくでん》」のときには、やはり、「塚原卜伝が来て、霊的指導を受けた」とおっしゃっていました。

菅野美穂守護霊　たぶん、そうだろうと思いますよ。

竹内　日ごろ、菅野さんが霊的な交流をされる芸能系の神と言われる方は、どういった霊界《れいかい》の方なのでしょうか。

菅野美穂守護霊　まあ、「芸能系の神」と言っているけど、芸能自体には、そんなに歴史がないのでね。テレビ時代とかになれば、ほとんど、最近亡《な》くなった人

「塚原卜伝」
剣豪の名勝負を描いた歴史小説（原作・津本陽）をテレビドラマ化（2011年放映）。

ばかりで、ものすごい昔の方はいらっしゃらない。昔であれば、歌や踊《おど》り系統ぐらいのものしかないとは思うんですが……。

ただ、私は、そうした、芸能系だけじゃなくて、意外に、宗教そのもののほうとつながっているんですよ。

竹内　そうなんですか。

菅野美穂守護霊　感じとしては、日本だけじゃなくて、転生《てんしょう》の過程で、いろいろな国の宗教とつながっている感じのほうが強いです。

過去の転生《てんしょう》でも「芸能のルーツ」と関係が深かった

竹内　具体的には、どのような方から霊的なご指導を頂いているのでしょうか。

菅野美穂守護霊　うーん、やっぱり、日本霊界では、天照大神様《あまてらすおおみかみ》……。

竹内　中心神ですね。

菅野美穂守護霊　直接かどうかは分かりませんし、お弟子《でし》を通してかもしれないんですけども、天照大神様からの霊流は引いているつもりでおります。

また、ほかの国でも、ま

天照大神
日本神道の主宰神。太陽神であり、皇室の祖神として伊勢神宮に祀られている。伊邪那岐命と伊邪那美命の娘として、現在の大分県のあたりに生まれ、高千穂国の女王、すなわち日本最初の女帝となった。『黄金の法』（幸福の科学出版刊）第４章参照。

あ、例えば、インドはインドで、神様が多いところですのでね。

「ボリウッド」も、ちょっとバカにはされていますが、インドは、さまざまな映画がつくられていますし、音楽や踊りも盛《さか》んなところです。

私は、ああいった、かつて、寺院にかかわる所で、まあ、ジャイナ教であったり、ヒンズー教であったり、あるいは、仏教であったりしていますが、「踊る女性の彫刻《ちょうこく》」が、たくさんあるでしょう？　ああいうふうな、神前《しんぜん》にて踊る観音様《かんのん》がたくさん出てくるでしょう？　「ああいう役割の一人として出たことはある」と自分では思っています。

さらに、インドだけではなくて、アフリカ辺り、エジプトなんかでも、そうした神に仕えたことがあるように思うし、ギリシャでもあるし、中南米でもあるし、いわゆる、マヤ・アステカ文明のほうにも関係がありますし、もっと古ければ、アマゾンの奥地《おくち》のほうまで出たことがあるような感じもします。

●ボリウッド　インドの娯楽映画製作の中心地であるムンバイ(旧ボンベイ)、あるいは、ムンバイの映画産業全般の俗称。アメリカ映画産業の中心地である「ハリウッド」をもじっている。

芸能の発生は、宗教と密接に関係しており、例えば、インドには、多くの古典舞踊があって、そのなかには、神への捧げものとして巫女が舞う踊りや、ヒンズー教の教えを歌や踊りで伝えるものもある。このような踊りは、世界各地に存在し、神々に奉納されてきた。

ですから、大川隆法先生とも、全然、関係がないわけでもなくて、ご一緒《いっしょ》した記《き》憶《おく》も少しだけあるんです。

竹内　ああ。では、詳《くわ》しい過去世《かこぜ》のところは、また後《のち》ほどお伺いします。

菅野美穂守護霊　ええ。そうですね。

竹内　やはり、そうした芸能系の神というよりは、宗教の本流のほうの霊的パワーを……。

菅野美穂守護霊　ですから、宗教でも、踊ったり、歌ったりして、奉納《ほうのう》するのがあるじゃないですか。

竹内　はい。

菅野美穂守護霊　これは、芸能のルーツと言えばルーツですし、インドなんかは、特に特徴《とくちょう》的ですし、観音様とかが、みんな踊っていますよね？　あれが、今のボリウッドの元と言えば、元でしょう。

だけど、やっぱり、根本的には、宗教を信じる心、神様を信じる心みたいなものにつながっているとは思いますよ。

4　人気を得ようとしない「人気の秘密」

「かすかな目の動かし方」に見るすごい女優の条件

竹内　菅野さんは、実際、「神の力」というものを宿され、「人を惹《ひ》きつける力」に転換《てんかん》していっていると思うのですが、天照様《あまてらす》や、いろいろな国の神々の力を引いて、実際の人気に変えていくには、どのようにすればよいのでしょうか。

菅野美穂守護霊　そうねえ。「人気を得よう」と思ってやっているわけではないんですよね。今日のご趣旨《しゅし》に沿えない感じで、「無駄《むだ》だった」と言われる可能性が高いと思うんですけども、人気を取ろうと思ってやっているわけではなくて。

あくまでも、私は、その役になり切って、その立場になり切って、なり切った自分を、「地《じ》」のままでやっているというか、与《あた》えられた役割を地でやっているつもりでいるんです。

旅人の役を与えられたら旅人として、地でやっているつもりだし、「女将軍役をやれ」と言われたら、それになり切ったつもりで、地でやっているつもりだし……。

それぞれ、地でやってるつもりなので、「人気を取ろう」と思うよりは、なんか……。そういう気持ちじゃないんですよ。

例えば、青森のリンゴ農家で、無農薬栽培《さいばい》をやって、十年もリンゴができずに苦しみ、周りからはさんざんバカにされ、それでも、「無農薬でリンゴをつくるんだ」っていう信念を貫《つらぬ》いてやっている貧乏《びんぼう》農家の夫と、その夫を支えてついていく、健気《けなげ》な女性ですよね。その共感する夫婦《ふうふ》愛みたいなものを描くっていうことに没頭《ぼっとう》しているんです。「なり切らなきゃ！」という気持ちでやっているんですよねえ。

●「奇跡《きせき》のリンゴ」で演じたときに、阿部《あべ》サダヲさんが、いみじくも言ってくださったんですが、十年もリンゴができないので、最後、主人公が、祭りの日に、前途《ぜんと》をはかなんで自殺しようとするシーンがあってですね、それで、彼が書いた置き手紙みたいなもの、まあ、日記みたいなのが、ずっと書いてあったんですけど、それを、私、まあ、菅野美穂が読んでいるシーンがあるんですよ。

その読んでいるシーンを観《み》て、「すごい女優だと思った」というようなことを言ってくださったんです。

「奇跡のリンゴ」
農薬が原因で体調を崩した妻のために、絶対に不可能と言われた無農薬リンゴの栽培に挑戦した男の実話を映画化した作品（2013年公開）。

そういう、原稿《げんこう》を読んでる……、原稿というか、彼が書いた日記みたいなものを、私が読んでいるんですが、「読んでいる」っていうことは、動きがほとんどないですよね。まあ、手で持って、目で見ている、その「目の動き」だけですよねえ。

「その読んでいる目の動きを見て、すごい女優だと思った」みたいなことを言ってくださったんですけども、まあ、観てくださる方は、そういうところで、その、かすかな目の動かし方みたいなもので、「本人になり切っているかどうか」っていうものを感じ取るんですかね。

目で見たものが頭に伝わって、感情として、体のいろいろな部分に反応が表れてくるところを、いかに上手に、本物らしく出せているか。まあ、このへんが、演技をしている感じじゃないようにできているかどうかっていうところだと思うんです。

こういうことに没入《ぼつにゅう》して、自分が、「なり切れている」と思えるかどうか。「なり切れている」と思えたときに、あとから、他人様《ひとさま》の評価を頂けるのであって、「他人様の評価を得ようと思って演技をする」っていうのは、そんな簡単にできることではないですねえ。

大勢の人に囲まれたなかで、「自然に演技すること」の難しさ

菅野美穂守護霊　しかも、撮影《さつえい》スタッフとか、エキストラの方とか、いろいろな方が周りを取り囲んでいるなかで演技するのは、実際、そう簡単なことじゃないんですよね。走ってきて抱《だ》き合ったりするようなシーンでも、二人だけだったら、別に、自然な感じなんでしょうけど、実は、周りには、何十人もの方が取り巻いて、見ているんですよ。

そのなかで、走っていって、自然に抱き合って、喜んでいるように見せられる

っていうのは、照れくささもあるし、多くの目もあるので、それなりの難しさがあるんですよね。

でも、何回も撮《と》り直させたら、相手にも申し訳ないし、撮影している人たちにも申し訳ないから、自分としては、演じ切らなきゃいけないっていう気持ちかなあ。

だから、演技をしているときには、決して、「視聴率《しちょうりつ》を取ろう」とか、「多くの人の人気を取ろう」とか、そういう気持ちはないですね。ただ、脚本《きゃくほん》と、それから、監督《かんとく》に命じられた役に徹《てっ》するっていうことかなあ。ただ徹する。

「演じているんだ」と思うんじゃなくて、「徹する」ということがうまくいったときが、まあ、フィクションだったら、フィクションの役柄《やくがら》を演じ切れたということだろうし、あるいは、ノンフィクションで、実際に実在の人物がいる場合は、その人の魂《たましい》が乗り移ってきたかのように見える瞬間《しゅんかん》だろうと思うんですよねえ。

いつも、そんな感じでやっているし、まあ、「どう評価されるか」という結果は、みなさまのご意見ですので……。

天雲　今、「人気を取ろうと思ってやっているわけではない」と……。「多種類の演技」は十一面観音《かんのん》の顔・千手《せんじゅ》観音の千本の手

菅野美穂守護霊　そう。そんなことはないです。

天雲　ただ、その逆に、「自分が、相手から、どう見えているか」ということを、すごく分かるからこそ、それができるのではないかとも思うのです。

菅野美穂守護霊　うーん。

天雲　菅野さんは、自分が、「相手からどう見えているか」を知った上で、相手の見たいものを見せる技術を、潜在《せんざい》的に持っていらっしゃるのではないでしょうか。

菅野美穂守護霊　見たいものを見せる？

天雲　はい。「相手が自分に期待しているものを見せる」というか……。

菅野美穂守護霊　いやあ、そんなことはないですねえ。お言葉ですけども、やっぱり、私は、「菅野美穂としてやっている」としか言いようがないです。

天雲　そうなんですか。

菅野美穂守護霊　それぞれ違《ちが》う役柄に見えても、菅野美穂ですねえ。

それも、私の一つの側面だと思うので。イメージにあるのは、やっぱり、「十一面観音《かんのん》」みたいな、あんなイメージです。

「観音様の頭の上に顔がたくさんあるように、実際、人間には、いろいろな性格の面があるんだ」ということを、霊的《れいてき》にも感じているし、「実際に、そういう顔がたくさんあるんだ」と思

十一面観音
あらゆる方面に向けられた11の顔を持つ観音。その慈悲の多面的な様を表している。11の顔にはそれぞれに意味があり、救済者としての持つべき能力を具現化している。

っているので、その面を出そうとしているだけなんです。

だから、「相手が見たいものを見せている」というよりは、十一面観音の顔がたくさんあるように、自分が持っている、それに適した顔を出しているだけで、「演じている」というよりは、自分の一部を出している感じなんですよね。

天雲　なるほど。では、かなりたくさんの〝引き出し〟をお持ちなのですね。

菅野美穂守護霊　そうかもしれませんけども……。

やっぱり、うーん……、神様の気持ちに近い……。

今、十一面観音の顔の話をしましたけども、「千手観音《せんじゅかんのん》」の千本の手も一緒《いっしょ》ですよね。

「千手観音には、いろいろな人を救うために、手が千本もある」と言われているわけです。

まあ、私たちは、そういうふうに、人助けでやっているだけではありません。もちろん、人を楽しませるためにやっているし、仕事をビジネスとして成り立たせるためにもやっておりますので、人を救うためだけにやっているとは言えないかもしれませんけども。

ただ、千手観音の手がたくさんあるのは、多くの人たちを救うためですよね。同じように、そうした、多種類の演技ができるということ自体が、まあ……、要するに、映画やドラマにも、やはり、ターゲットがありますので、「いろいろな方々の心に響《ひび》くような作品がつくれるかどうか」につながるんだと思うんですよ。自分のまだ隠《かく》された領域を発掘《はっくつ》して、出してくることによってね。

まあ、そういう人たちの一日のうちの時間を奪《うば》っているわけですので、それを無駄にさせたくないんです。先ほど質問された男性（竹内）が、お仕事で逆風に

千手観音
衆生を救済するために差し伸べる無数の手を持つ観音。変化《へんげ》観音の一つで、千本の手は慈悲の広大さを表している。

ならないように、「私の映画を観たことが、少しでもプラスになるといいな」というような気持ちが、裏には必ず入っています。

つまり、私の映画やドラマを観たことが、時間の無駄で、バカになるだけで、人生に何のプラスも与えなかったっていうようなのはつらいので、それを観たことが、何らかの魂の肥《こ》やしみたいなものになってくれるんだったらありがたいなあっていう、そんな気持ちを持っています。

演じているときに感じている「神の存在」とは

天雲　今、「演じ続ける原動力」のところを教えていただいたような気がするのですが……。

菅野美穂守護霊　うーん。私は、意外に……、意外にでもないんでしょうが、宗教的魂なんです。

神様がおわすところには、必ず、神様への奉納《ほうのう》という儀式《ぎしき》が起きるわけで、あなたがたも、たぶん、宗教家として、いろいろ、「奉納の儀式」をなされていると思うのですが、やっぱり、そういうところに、歌とか、演劇とかも生じてきていますので。

だから、私は、神様を、常に、すごく近くに感じているんですよね。

演じているときには、いつも、神様、あるいは、仏様と呼んでもいいかもしれないけども、そういう方の目が見ていらっしゃるんだっていう感じは持っています。

5 女優・菅野美穂の「幸福の源《みなもと》」とは

発見する喜びから「感動」が生まれる

天雲　菅野さんの、女優としての幸福の源《みなもと》は、どういうところにありますか。

菅野美穂守護霊　あのねえ、これを言うと、きっと、「何だ。その程度かあ」と言われるんだろうなあと思うんですけども、実際に、自分で感激することもあるんですよ。

最近では、モロッコ旅行にも行きましたですけども、「ピンクの街《まち》」とか……、（洋服を見ながら）今日は、大川先生がピンクをだいぶ使ってくださったので、あの番組を観《み》て考えてくださっているのかなあと。モロッコって、街並みが全部ピンクなんですよねえ。

「それは、なんでなんだろう。なんでピンクの街なんだろう」と思ったので、現地で訊《き》いてみたら、「赤土が、たくさん採《と》れるところなので、それでつくるからピンクになるんだ」って言ってました。それを聞くと、「ああ、それで、みんなピンクなのかあ」って。

「なんで、全部、ピンクに統一するんだろう」という素朴《そぼく》な疑問を持って

モロッコの風景　モロッコは、北アフリカの北西部に位置する国。世界遺産も数多くあり、ピンクの街（マラケシュ）、青の街（シャウエン）のほか、オレンジの街（ワルザザード、メルズーガ）、アイボリーの街（フェズ）など、色彩豊かで、エキゾチックな魅力にあふれている。

いて、現地で訊いて、答えを得て。なんか、「美しいな」とは思いつつも、理由が分かって、うれしいところに感動が生まれるんです。

それに、同じモロッコで、片方にはピンクの街があって、片方にはブルーの街がある。「なんでブルーなんだろう」とやっぱり、興味を持ったし、いろいろ見て歩いていると、不思議で不思議でしかたがなくて。ブルーにも、色の濃淡《のうたん》があって、濃《こ》い所とそうでない所があるので、実際に、ルポをするように、いちいち、いろいろな人の意見を訊いて歩いたんです。

そうしたら、「もともとは、『蚊《か》よけ』なんだ。ブルーに塗《ぬ》っていると蚊が来なくなるので、室内をブルーに塗って、蚊が入らないようにしていたんだ」っていうようなことを聞いたんですよ。

ところが、「外側が白い建物だと、サハラ砂漠《さばく》に近いところは、日差しが強くて、日の照り返しで、すごく暑く感じるけど、ブルーに塗ると涼《すず》しい感じがするので、家のなかだけではなくて、外までブルーにした」とか、「道路も、ブルーの色合いの変化によって、行き止まりかどうかを示している」とか、そういうことを、いろいろ聞きました。そうやって探《さぐ》り当てていくと、何だかとってもうれしいっていうか、（テレビ番組の）〝ふしぎ発見〟風ですけど、「モロッコへ行って、日本人で初めて、そういう秘密を突《つ》き止めた」みたいな喜びがあるんですよねえ。

インドに行ったときも、「ガンジスの源流を探っていく」なんて、なんかワクワクするような感じがありましたですけど。

そういう「発見する喜び」みたいなのは、自分でも、すごくうれしいので、自分自身で感動して喜んでいるようなところがあるんです。ここは演技じゃないんですよね。ここは、本当なんですよ。

日本社会の空気をガラッと変えることができるドラマの可能性

菅野美穂守護霊　だから、こういう仕事をしていると、いろんな未知の経験がいっぱいある。

私なんかは、学校でちゃんとした勉強をしているほうではないので、こういう、ドラマや映画を通して、まあ、小説を読ませてもらったり、いろいろな作品を見せてもらったりして、勉強したり、教養をつけたりしていってるところですけども。

なんか、いろいろな人間の可能性や、人間社会のなかの人間ドラマの可能性を見ますのでねえ。こういうところが面白《おもしろ》いし、まあ、夫なんかでも、去年は、例えば、「半沢直樹《はんざわなおき》」で、銀行社会ではありえないような、上に盾突《たてつ》いて、正義を通していく主役をやりましたけど、それは、たぶん、サラリーマンなんかに、ずっと溜《た》まりに溜まった不満みたいなものを、ガス抜《ぬ》きでスカーッとさせたようなところがあったんだと思う。「リーガルハイ」でも、不敗の弁護士みたいなのをやったので、弁護士さんたちも、かなり興奮したんじゃないかと思うし。

今、都知事選には、日本弁護士連合会の会長をやった方が立候補されていますが（収録当時）、うーん、〝不敗神話〟で通るかどうか知りませんけれども。何か、クールな弁護士さえも興奮させるようなところが、

「半沢直樹」
メガバンクの銀行員が内部不正と戦う小説（原作・池井戸潤）を原作とするテレビドラマ（2013年放映）。

「リーガルハイ」
偏屈だが裁判では連戦連勝の弁護士が主人公のコメディドラマシリーズ（2012年〜放映）。

きっとあったと思います。

まあ、これは非常に不遜《ふそん》な言い方だとは思うんですけども、やっぱり、ドラマって、もしかすれば、日本のカルチャーとか、習慣とか、考え方とか、国論とか、こういうものにまで影響《えいきょう》を与《あた》えることが可能なツールではあるんですよね。

そういう意味では、名優と言われるような方は、影響を与えたりするんじゃないかなあというふうに思います。

今、男性だったら、主演をやれるような代表的な人は、数名ぐらいなのかとは思いますけども、ある意味で、みんな、日本社会にインパクトを与えているようには思うんですよ。

だから、政治家が出ることや、首相が替《か》わることで、日本の社会が変わったりもしますけども、名優が出て映画なり、ドラマなりをヒットさせることで、日本社会の空気がガラッと変わることがありますよねえ。

●冬彦さん　1992年に放映されたテレビドラマ「ずっとあなたが好きだった」の登場人物。「母親に依存している夫」という役柄から、「自立していない、情けない男性」の代名詞となった。

また、男女の恋愛《れんあい》事情なんかでも、ドラマ一本で変わってしまうことが、けっこうあります。

急に、「冬彦《ふゆひこ》さん」みたいな、「お母ちゃん付きの男性」の人気がなくなるようなこともあれば、「冬のソナタ」みたいので「純愛ブーム」が起きて、韓国《かんこく》で流行《はや》ったら日本にまで移ってきてしまったりとか、まあ、いろんなケースがありますけども。

そういう、トレンドみたいなものを巻き起こせる可能性を持っていて、それには、ある意味で、政治家や社会改革家や宗教家なんかの仕事にも相通《あいつう》じるようなものが、一部あるのかなあと思うんですね。

そこまで行かないことのほうが多いとは思いますけども、まあ、例えば、「大《おお》奥《おく》」では、男女逆転の社会を描いてみせたところもあります。

今は、女性の社会進出によって、これから女性の管理職を増やそうと言われて

●「冬のソナタ」(冬ソナ)　「初恋」をテーマとした韓国ドラマ。このドラマが日本で人気を博し、韓流ブームのきっかけともなった。

いる時代ですけど、「女性が将軍だったらどうなったか。引っ繰《く》り返してやってみたらどうなったか」っていうのを描いたわけです。

これは、必ずしも、みなさんが快感を覚えたものではなかろうと思うし、男性の多くは、「これは、たまらないなあ。こんな悲愴《ひそう》な未来は嫌《いや》だな」と思われたかもしれないけれども、ある意味では、女性が長年感じていた、鬱屈《うっくつ》したものが、男性にも見えた面があったかもしれないし、「出世したい」と思っているキャリア女性には、「このくらいやってみたいもんだ」という気持ちもあったかもしれない。まあ、多少、社会を揺《ゆ》さぶるような面はあったかもしれないなと思うんですよね。

そういう可能性っていうのは、

「大奥」
謎の疱瘡で若い男性の人口が激減し、女性が将軍になった男女逆転の世界を描いた漫画（原作・よしながふみ）を映画・テレビドラマ化（2010年〜公開）。

なんか社会改革家みたいなところもあって、それが、「千手観音《せんじゅかんのん》の手」になるかどうかは分からないけれども、いいものに出会えたら、何か世の中の一部に影響を与えることができるのかなあっていうことは感じましたねえ。

政治の違《ちが》いや人種の違いを乗り越《こ》える力がある「芸術の世界」

天雲　今、菅野さんが肌《はだ》で感じる、「時代のトレンド」や、「こういうものを見たい。こういう自分になりたい」というような「世間《せけん》のニーズ」などはありますか。

菅野美穂守護霊　そうですね。まあ、すごく口幅《くちはば》ったい言い方でございますけれども、幸福の科学さんが出しておられるものなんかも、ある意味での〝トレンドメーカー〟になっているところはあるような感じがします。今は、マスコミが、かなり影響を受けているんですよねえ。

マスコミも、あるいは、ドラマや番組の製作者も、記事を書く人も、いろいろな人が影響を受け始めているので、私も、今、とっても関心を持ち始めているんです。

だから、そちらのほうが、私のほうに関心を持ってくださるっていうことのほうが、驚きではあるんですけどね。

私は、もともと宗教的な魂《たましい》なんですが、現代は、それがすごく薄《うす》れていっている時代であるので、その宗教的な心は、今は違《ちが》った姿になるしかないんだろうとは思うんです。

違った姿で、何か、それを描けないか。例えば、農家の無農薬栽培《さいばい》みたいなもののなかにも、宗教的な考え方はあるかもしれなくて、無農薬で、すごくおいしいリンゴができるっていうなかにも、宗教的な気持ちがあるかもしれないし、女医さんを演じるなかにも、宗教的なものが何かあるかもしれない。あるいは、男女の恋愛を描くときにも、何か宗教的な意味を込《こ》めることはできるのかもしれないなと思ったりもします。

まあ、今は、韓国と日本の仲がすごく悪くなってきていて、残念だとは思っているんですけども、「冬のソナタ」なんかが流行《はや》ったときには、純愛ブームで男女の恋愛観まで変わってしまったようなところがありましたよね。非常に清めた部分もあったと思いますが、今は、ちょっと残念な感じがしています。韓国の残念な部分が、いろいろ出てきているようには思うんですけどね。

でも、政治の世界では喧嘩《けんか》し合っている者同士でも、芸術の世界なら、まだ浸《しん》透《とう》するものは、けっこうあるんですよ。まあ、韓流《ハンりゅう》歌手なんかも、紅白に出れなくなったりはしているようではありますけれども……。

ただ、それでも、夫のドラマの「倍返し」（「半沢直樹」）なんかは、中国あたりまで（番組が）かかろうとしてるって聞いたりすると、やっぱり、政治の世界は政治の世界であって、芸術の世界は、政治の違いや人種の違いを乗り越えて変えていく力があるのかなあと思います。

あるいは、最近リメイクされた「おしん」（二〇一三年公開の映画）は、日本ではヒットしなかったようですけども、何十年か前の、田中《たなか》（裕子《ゆうこ》）さんが演じていた（テレビドラマの）おしんは、東南アジアや、中東のほうにまで、すごい影響があって、「日本は、こんなふうに頑張《がんば》って、努力して豊かになったんだ。日本に見倣《みなら》おう」みたいな感じで、ほかの国にまで、ものすごい影響を与えたというふうに聞いておりますので。

「おしん」は、日本での放送終了以降、アジアを中心に、世界68の国や地域で放送され、高い人気を得ている。

●「おしん」　1983年から始まったNHK連続テレビ小説。山形の寒村に生まれた主人公おしんが、戦中・戦後を力強く生き抜く姿を描き、テレビドラマでの最高視聴率を記録した。

そのように、世界的な影響を与えることだって、ありえるわけですよ。

まあ、そういうことができるようになったら、夢のようなことで、すごいなあと思いますね。

6 「複雑系」の女優としてスタート

人気歌手や清純系の女優が「性格女優」になるためには

愛染　それでは、私のほうから、少し具体的なところを質問させていただきたいと思います。

菅野美穂守護霊　ああ、そう？　具体的なことですか。

愛染　いつも、本当にかわいい笑顔で、明るく頑張《がんば》っておられる菅野さんの姿を見て、「ああ、こんなスターが幸福の科学からも出るといいな」と心から……。

菅野美穂守護霊　いや、もう、たくさん、いらっしゃるんじゃないですか？　きっと。

愛染　ええ。頑張りたいと思っております。

菅野美穂守護霊　ええ、ええ。

愛染　菅野美穂さんは、幼いころから芸能活動に従事《じゅうじ》されていたと思いますけれども、最初に芸能界に入るときに、ご自分の女優としての才能、才覚が、何パーセントぐらいあると思って入られましたでしょうか。そのあたりを、お伺《うかが》いしたいと思うのですが……。

菅野美穂守護霊　ハハ、ハハハ。それは、嘘《うそ》つきかどうか、うぬぼれ屋かどうかを試《ため》すバロメーターみたいな質問でございますねえ。厳しいですねえ。

愛染　（笑）いえ。

菅野美穂守護霊　それは、言い方を気をつけないと。私は、頭が大してよくないもんで、計算が立たなくて、よく分からないんですが……。

そうですねえ。うーん……。

愛染　本当に自信を持って、「自分には、女優がピッタリだ」と思って入られたのか。それとも、「自信はないけれども、頑張ってみよう」と思って入っていいかれたのか。

菅野美穂守護霊　そうですね……。まあ、「かわいいね」と言われることは多かったんですが、同時に、悲しげな感じの表情をつくったりすることができるっていうか、そういう「陰《かげ》の部分もつくれる」みたいなところで、最初から、ある意味での複雑性を持っていて、「複雑系の女性」ではあったので。

もしかすると、そのへんの味を出せたら、演技派みたいなのができるのかなあ。「かわい子ちゃんモデル」だけのスターではなくて、ほかの演技もできるようになるのかなあっていう、あれですねえ。

今だったら、ＡＫＢ48のメンバーの方が、卒業間際《まぎわ》か、あるいは、卒業してから、ドラマに出られて、悪女の役をやってみたりしていますし、なんか、清純な感じで歌っていたのに悪女役をすると、少し裏切られたような気分がないわけではないんだけど、「あえて悪女役をやって、合格すれば、女優に転身できる」みたいな感じで、そういうことをやっているようです。

ただ、私などから見ると、やっぱり、やや無理をなされているのかなあという感じはするんですよねえ。

大島優子《おおしまゆうこ》さんも、「●安堂《あんどう》ロイド」で、沫嶋黎士《まつしまれいじ》の妹役をしておられましたけども、なんかちょっと、意地悪な嫌《いや》な役みたいな感じで、しておられたでしょう? だから、「意外性」はあるんですけど。

まあ、「かわいい子ちゃんとして歌っていた人が、そういう役もできるか」っていうのを試されて、オッケーが出たので「卒業宣言」っていうことになるんだと思うんですね。

その前のトップの方、前田敦子《まえだあつこ》さんも、「●幽《かす》かな彼女」でしたっけね。あのなかで、教師役をされていましたけども、あれも意地悪な役でしたよね。「憎《にく》まれ

●「安堂ロイド」　木村拓哉主演のテレビドラマ(2013年放映)。主人公の妹で、多重人格者の沫嶋七瀬役を大島優子が演じた。

役が、みんなに憎まれるようだったら、自分としては成功だと思っている」って
いうようなことを言っておられましたけど。
「あの前田敦子が、憎まれ役のいやらしい女教師を演じ切る」みたいなの？
だから、あえて正反対の役を無理してやっていらっしゃるんだと思うんです。
それはそれで、人気が取れてよいとは思うし、「芸の幅《はば》があるかどうか」のテ
ストをやっているんだと思うんですが。
まあ、私は、ああいうふうな、人気タレントや歌手から出たあれではないので、
よくは分からないんですけども、演技的に見ると、やはり、まだかなり無理をな
されているような感じがしてますね。
やはり、元のイメージがあって、前田敦子のイメージ、大島優子のイメージ
があるので、「ああ、こんな演技ができるのか」っていう、予想外の落差を見せ
て、みんなを「ほう！」とびっくりさせているんだとは思うけど、もし、その部

●「幽かな彼女」　香取慎吾主演の学園ドラマ（2013年放映）。主人公が担任をする学級の副担任で、性格に裏表のある女性、河合千穂役を前田敦子が演じた。

分、つまり、ＡＫＢの部分がなかったら、つまり、『ＡＫＢのセンターだ』とか、『人気ナンバーワンだ』とかいう部分なしにやったら、どう評価されるか」っていうことを考えると、うーん……、まだまだ厳しい面はあるのかなあっていう感じはしています。

そういう意味では、人気歌手から、性格俳優みたいになっていくのは、そう簡単なことではないんじゃないかなという感じがしますよね。

去年流行《はや》ったドラマの「あまちゃん」ですけども、あの〝あまちゃん〟をやった清純系の方が、いったい、どんな役を演じ分けられるのかみたいなことを考えますと、なかなか……。「今度は、彼女を悪女に使う」っていうのは、そう簡単にはできないし、難しいだろうなと思うんですねえ。

だから、「ある程度、複雑系の顔と感情を持っている」というのを、見る人に事前に知らせておいて、「複雑系だから、今回は、この役をしている」と思って

●「あまちゃん」　2013年に放映されたNHK連続テレビ小説。母の実家である東北地方の町を訪れたヒロイン（能年玲奈）が、海女修業を通して成長していく姿や、ふとしたきっかけでアイドルを目指していく姿を描いている。

もらえば、それが変わったときにも認めてくださるというところはありますよね。

「演じる役」のイメージが付きすぎることによる「悲劇」

菅野美穂守護霊　（堺雅人守護霊の霊言で）「最初にスーパーマンをされた方は、ほかの役ができなくて、生活がとても苦しかったらしい」っていう話をなされてましたけど。まあ、「スーパーマンは素顔《すがお》で出たから、ほかの役ができなくて困った」というので、それ以後のスーパーヒーローは、バットマンにしても、スパイダーマンにしても、アイアンマンにしても、みんなマスクをかぶっていますものね。

だから、他の役に出れる可能性を少し残していますが、ああいうふうに、何かでイメージが付きすぎると、ほかの役がそう簡単にはできないんですよ。

同じことは、海賊《かいぞく》みたいなのをやるジョニー・デップさんが、今、苦しんでいるらしいですね。生活難っていうか、「とうとう、海賊か、原住民みたいな役しかできなくなった。そのイメージが強すぎて、ほかの役や、二枚目役が、そう簡単にできなくて苦しんでいる」っていうふうに聞いていますけど。

いや、なかなか、ヒットっていうのも難しいもんですね。あまりイメージが付くと、うーん……。

あるいは、二枚目俳優のディカプリオさんなんかも、そうでしょう。まあ、本人は取らなかったけど、「タイタニック」はアカデミー賞を受賞した作品ですよね。でも、彼は、若くして出て、「若すぎて、嫉妬《しっと》を受けるから、アカデミー賞は出せない」みたいな言い訳で、ノミネートされなくて、その後も、個人では、なかなか賞を取れないでいるんじゃないかと思うんですけども。

確かに、「タイタニック」に出たあと、ヤクザの役みたいな、何て言うのかなあ、拳銃《けんじゅう》を持って追いかけるマフィアっぽい役をやっても、なんか受けないし、

ＦＢＩの初代長官のフーバー役をしても（「Ｊ・エドガー」二〇一一年アメリカ）、「ディカプリオさんがＦＢＩの長官の役なんて、ちょっと、どうなんでしょうかねえ。ミスキャストかなあ」っていうように感じたけど、案《あん》の定《じょう》、そんなに評判が立たなかったですよね。

だから、「何かの特徴《とくちょう》を出して、ずっとヒットを出す」っていうのも、すごいことなんだけど、ほかの役が演じられなくなるっていうのは悲しいことなんです。まあ、私なんかも、十分なヒットは出していなくて、そこそこのヒットぐらいなんですけども、まだまだ、幾《いく》つかの役をやらせていただけるということは、とてもありがたいなあというふうに思っています。

（愛染に）あっ、パーセンテージでしたか？

愛染　はい（笑）。

菅野美穂守護霊　うーん、まあ、「成功するかどうか」って、うーん、そうですねえ。二十五パーセントぐらいかな。

愛染　二十五パーセントで？

菅野美穂守護霊　うん。そのくらいです。四分の一ぐらいかなと思っていました。「駄目《だめ》だったら、普通《ふつう》の女の子に戻《もど》るしかないなあ」と思っていたので……。

愛染　はい。ありがとうございます。

7 「主役を取れる」俳優の条件とは

大河《たいが》ドラマ「八重《やえ》の桜《さくら》」を観《み》て感じた「解釈《かいしゃく》力の必要性」

愛染　芸能界は、昔であれば、歌手は歌手、俳優は俳優、お笑い系はお笑い系という感じできっちり分かれていたのですけれども、今は、どの部門もこなせる人でなければ、なかなか売れない時代ではないかと思います。

菅野美穂守護霊　ええ。

愛染　ただ、そのなかで、「主役が取れるか。それとも、準主役や、その他になってしまうか」ということには、大きな差があると思うのです。主役を取れるか。もしくは、ずっと準主役や脇役《わきやく》で終わってしまうか。その違《ちが》いを、どのように感じておられるのでしょうか。

菅野美穂守護霊　うーん。そうですねえ。でも、やっぱり、一つは、「作品の解《かい》釈力《しゃく》」なんじゃないでしょうかね。

小説だったら作者がいるし、小説ではない場合でも脚本家《きゃくほんか》がいます。つまり、脚本家が書いたものと、プロデューサーや監督《かんとく》等が合同して、「こんなふうにしたい」っていうのがあると思うんですけど、その製作意図《いと》みたいなものが、それぞれの作品によって違いますので、「これをどう解釈するか。そして、その製作意図に合った自分が出せるかどうか」というところだと思うんですよ。

まあ、こういうことを言うと、生意気《なまいき》だと思われるでしょうが、昨年のＮＨＫ

の大河《たいが》ドラマでは、「八重《やえ》の桜《さくら》」っていうのをやっていましたし、主役の方も美人女優でしたよね。まあ、〝祟《たた》り〟のある世界だから、めったなことを言っては危険だと思いますけども。

ああいう美人女優の方に、鉄砲《てっぽう》を撃《う》たせたりするところは、確かに面白《おもしろ》いとは思うんです。「美人女優に鉄砲を撃たせたり、最後は、神学に関心があるようなところを見せて、同志社《どうししゃ》設立を、新島襄《にいじまじょう》と一緒《いっしょ》にやらせる」っていうような話で、まあ、実物がいたドラマではあるから、嘘《うそ》じゃないんですけども。

ただ、私から見れば、やっぱり、ちょっと浮《う》いているような面があったかなあっていうか。あんな美しい人が、火縄銃《ひなわじゅう》を撃ったりするのが……、火縄銃じゃなかったのかなあ？　もう少し現代的な銃なのかもしれませんけれども。銃を撃って、相手を負傷させたりするっていうのが、少し合っていない感じがするし、それが、キリスト教の学校をつくるっていう情熱のほうにつながっていくところが、

●「八重の桜」　2013年に放映されたNHK大河ドラマ。自由奔放で男勝りなヒロイン・新島八重（主演・綾瀬はるか）が、激動の幕末・明治時代を生き抜く姿を描く。

何となく……。

まあ、製作意図は分かるんです。そんな人がいたので、それで感動してもらおうと思って、ＮＨＫさんのほうでつくられて、脚本を書かれてやっているんだとは思うんだけど、あの役を演ずるのは、そんなに簡単なことではないなと、見ていて、つくづく思いました。

特に、晩年の八重が、会津《あいづ》戦争での戦いという自分の過去を引きずりながら、キリスト教信仰《しんこう》に目覚めて、「新島襄《にいじまじょう》と一緒に、キリスト教信仰に照らし合わせて、学校をつくっていきたい」という情熱を見せていくところについては、「なかなか、その深いところを描き切るのは難しいんだなあ」と、見ていて感じました。

やっぱり、あれは解釈力の問題でしょうね。「そういう人間を理解できるか」っていう解釈力だと思うんです。

まあ、あのお方でしたら、たぶん、また、美人女優としてほかの役で平気で出てこられるんだろうと思いますけども、「なり切れたか」と言ったら、なり切れていないんじゃないかなあと……。

私が嫉妬《しっと》しているように思われるんだったら、これは取り消したいと思いますけども、なり切れたかと言えば、なり切れていないような気が、どうしてもします。

どちらも不適合《ふてきごう》な感じです。つまり、「銃を撃って、男と戦う女性の役」も不適合だし、「明治の時代に、キリスト教の学校を、情熱を持ってつくろうとした夫を支える女性の役」も不適合だし、両方、不適合な感じで、ちょっと浮いた感じで最後まで終わったように、私には感じられたんです。

菅野美穂守護霊が注目する「軍師官兵衛《かんべえ》」の見所《みどころ》とは

菅野美穂守護霊　今年は、私も共演したことのある、岡田准一《おかだじゅんいち》さんが黒田官兵衛《くろだかんべえ》役をやる、「軍師官兵衛」●ですよね。まあ、スタートしたところなので、これからどうなるか、分かりませんけれども。

ずいぶん、かっこいい役が多かった方であるので、そうした、「軍師という名脇役《わきやく》を、うまく演じ切れるのか。主役であるべき秀吉《ひでよし》や信長《のぶなが》など、そういうタイプの武将を食《く》ってしまわないかどうか」が見所《みどころ》だと思うんですよね。

最初から、存在《そんざい》自体が食ってしまっているという感じだったら、実は、「演技としては、解釈力が足りない」っていうことだ

2014年1月21日、黒田官兵衛の霊言を収録した。（幸福の科学出版）

●「軍師官兵衛」　豊臣秀吉の参謀として活躍した軍師・黒田官兵衛を主人公とした、2014年度NHK大河ドラマ。

と思うんです。

うーん、やっぱり、実際は、大将がメインなんで、軍師という脇役をやっていながら、主役に見える役っていうのは、かなり難しい。やっぱり、主役は、「主役の人が、最初から主役」っていうのが合っているんですが、「脇役に当たる役をやりながら、実際は、その人が主役なんだ」っていうのを演じるのは、ものすごく複雑な演技だと思うんです。

だから、岡田さんが、そこまで、「鈍《にぶ》り」というか、「消し込《こ》み」「スモーク」をかけられるかどうかが、今年の見所だと思うんですよね。

これが、「浮いてしまっている。こちらのほうが将軍なり、大将なりをやったほうがよかったんじゃないか」と、観《み》ている人が感じるんだったら、やはり、原案というか、作品についての解釈力がなく、演じ切れていないっていうことになるんだろうと思うんです。

このへんが難しいところなんですよね。「主役を取れる」と言っても、その役《やく》柄《がら》によって、役を演じ分けなきゃいけない。

善人と悪人を演じ分けるっていうのも難しいことですけども、「上のポストの人がいて、下のほうが主役になる」っていうのは、それも難しいことなんですよね。

去年は、夫も、それをやったところがありますが、銀行での、そういう役ですね（二〇一三年のドラマ「半沢直樹《はんざわなおき》」）。「下の者が、上の者に対して刃向《はむ》かっていく」なんていうのが主役になるのは難しいし、だからこそ、ヒットした面もあるんですけど。

うーん、この、脇役であるべき者が主役になるっていうのは難しい。

それから、善人であるべき人が悪人の役を、悪人であるべき人が善人の役をする。これも、とっても難しくて、この心のひだを表すっていうのは、やっぱり、解釈力だと思いますね。やっぱり、解釈力がなければいけない。

小説を読んだり、映画を観たりして、それをどう解釈するか。この深く反芻《はんすう》するような力、要するに、牛が、四つの胃で、繰《く》り返し反芻して消化しているような、そういう「反芻力」を持っていないと、その解釈力が出てこないんだと思うんですよねえ。

まあ、そんなところかなあ。

だから、解釈力だと思うんですよ。それがあれば主役は取れると思います。

8 「菅野流・肚《はら》のくくり方」と「カメレオン力」

「憑依《ひょうい》型」「乗り移り型」俳優になるための方法とは

天雲　俳優には、難しい役をやったりすることが付きものだと思います。菅野さん自身も、●聴覚《ちょうかく》障害者の役ですとか、すごく複雑な、●ヘレン・ケラーの舞台《ぶたい》ですとか、そういうものを経験されているわけですが、そのような難しい仕事や、やったことのない未知なる仕事に取り組んでいくときの「菅野流・肚《はら》のくくり方」や「心構え」みたいなものはありますか。

菅野美穂守護霊　まあ、なり切ることだから、先ほど言いましたように、「憑依《ひょうい》

●聴覚障害者の役　1997年から2001年まで、年1回のスペシャルドラマとしてテレビ放映された「君の手がささやいている」での役。菅野美穂が演じる聴覚障害を持つ主人公と、彼女を支える夫・娘との物語。

型」「乗り移り型」を目指すしかないんですよ。

例えばね、ヘレン・ケラーであれば、頭のなかをヘレン・ケラーでいっぱいにしてしまう。もちろん、関連するものも読んでみて勉強しますけども、「空《から》っぽにできるかどうか」なんですよね。何かの部分が残っているといけなくて、ディカプリオさんで言えば、「タイタニックのディカプリオ」が、あまり残りすぎていると、ほかの役、つまり、ダーティーな役は演じられないんですよね。どうしても演じ切れないで、〝ロミオとジュリエット〟の世界から逃《のが》れられないんですよ。みんな、どうしても、そのイメージで観《み》てしまうので、そういうのを演じるっていうのは、難しいんです。

ヘレン・ケラー
(1880～1968)
高熱により、幼くして聴力、視力、言葉を失ったが、家庭教師アニー・サリバンの教育を受け、ハーバード大学を卒業。世界各国で講演を行い、身体障害者の福祉事業に貢献した。

●**ヘレン・ケラーの舞台**　ヘレン・ケラーとその家庭教師であるアニー・サリバンを描いたウィリアム・ギブソンによる戯曲「奇跡の人」のこと。2000年には、菅野美穂がヘレン・ケラー役を演じている。

うーん、「どうやって空っぽにして、その人になり切るか」っていう部分は、「どれだけ吸い込《こ》めるか」っていうスポンジみたいな部分なんですよねえ。だけど、やっぱり、人間には強みがあるので、何かで強い人を、その強みじゃないほかのところや弱みのところで戦わせようとしたら、やっぱり、演出家や監《かん》督《とく》等は、そうとう苦労なされるし、共演者や周りの人の助力がそうとうないと、浮いてしまいますよね。

ディカプリオさんで言えば、今、次の映画が来ていて、ニューヨークのウォールストリートの大金持ちになる話に、主人公で出てくるんだと思われますけど（「ウルフ・オブ・ウォールストリート」二〇一三年アメリカ）、それには、あの、「タイタニック」での貧乏《びんぼう》画学生のイメージと合わないものがあります。

そういう大金持ちになって、遊んだりするような役が合うか合わないか。やっぱり、このへんが、なかなか難しいなあと思うところですね。

性同一性障害者《せいどういつせいしょうがい》を演じた美人女優

菅野美穂守護霊　まあ、ヘレン・ケラーなどの障害者の役ができるかどうかっていうのも難しいですけども。

上戸彩《うえとあや》さんもそうでしたよねえ。あの方も、「金八先生《きんぱち》」で、性同一性障害《せいどういつせいしょうがい》の女子生徒役でしたが、あの当時では、非常に珍《めずら》しいテーマだったと思うんです。「女性なのに男の意識がある」「男性だと自覚している女性の役」っていう、とても難しい役をやられていました。

ああいう、美人女優が、性同一性障害者という、あんな難役《なんやく》で出てこられたので、評価されたところがあるんだと思うんです。

ただ、やっぱり、素質は、ある程度あるのかなというふうに思いますね。あれは難しいですねえ。

ああいう役ができるっていう人、私も、やれた可能性はあると、自分では思うんですけど、なかなか、美人系の女優で、そういう役ができる人っていうのは、そんなに多くはないんですよねえ。

それは、どうしても、地《じ》でやっているように見えないからなんですよ。そういう自己イメージがあって、「鏡のなかに映っている自分が自分である」と思っているところがあるから、いくら変装しても自分の元の顔が見えているんです。

だから、そういう難しい役を、あんまり偉《えら》くないうちにこなしたほうが、幅《はば》は広くなる面があるのかなあ。

菅野美穂の霊言《れいげん》も「マイクロヒット戦略」？

菅野美穂守護霊　（愛染に）あなたは、演技指導とかをなされているのかもしれませんよね。ただ、いきなり主役をやって大ブレイクするみたいなことも大事なのかもしれないし、本当の主役は、そんな方なのかもしれないとは思うものの、やっぱり、難しい役とか、下っ端《したっぱ》の役とかをたくさんやって、芸の幅を広げて、だんだん出世していくほうが……。まあ、夫もそうですけど、そういうほうが、いろいろ複雑な味わいが出せて、役者人生としては長持ちするんじゃないでしょうかねえ。

竹内　やはり、そこが、菅野さんのすごいところだと思います。まさに、ロングヒットさせるために、ある意味で、「マイクロヒット戦略」を二十一年間、追い続けてきたのではないかと……。

菅野美穂守護霊　いや、それを狙《ねら》ったわけじゃないんです。そういうものしかできなかったので。

竹内　例えば、●世阿弥《ぜあみ》という人は、その当時、人々を飽《あ》きさせないために、新しいものを提供したり、一カ所にとどまらず場所を変えたりしていました。

やはり、芸の世界というのは飽きさせないことが大切ですが、菅野さんの場合は、「さまざまな演技を演じる」ということが、それに当たると思うのです。

菅野美穂守護霊　うん、うん。そう、そう、そう。

竹内　やはり、マイクロヒット戦略が、これからのヒットの大きな秘訣《ひけつ》だと思うのですが、それを、どのように打っていけば当たっていくのか。この「当てる」というのは難しいことだと思うのですが、その秘訣を教えてください。

●世阿弥〈1363 ～ 1443〉室町時代前期の能役者・能作者。父・観阿弥とともに能楽を大成した。能の作品に「高砂」「井筒」、著作に『風姿花伝』などがある。

菅野美穂守護霊　いや、それは、おたく様がよく知っているんじゃないでしょうか。

つまり、「堺雅人《さかいまさと》の守護霊の霊言《れいげん》」をして、「菅野美穂の守護霊の霊言」を出せば、絶対、ある程度の数が売れるのは見込めるでしょう？

これが、マイクロヒット戦略だと思うんですよ。私のが大ブレイクして何百万部も売れることなんて、考えていないはずです。

しかし、「夫の本と、どちらがよく売れるか」っていうようなことで、みんなの興味を引いて、引っ張れば……、まあ、例えば、出版社が、毎回、広告を打つたびに「夫　対　妻」で、どちらの本がよく売れているかっていう数字なんかを載《の》せていくと、みんな、ものすごくハラハラドキドキして、買い始めるかもしれないですよねえ。

まあ、大したヒットにはならないけども、ある程度のヒットになることは見えていますよ。これは、少なくとも、数千部で止まることはないのが分かっているし、それが、十万部を超《こ》えていくような本になるのなら、ある程度、みんなが知っているようなところまで行くので、そこまで行く前に止まることが多いんですが……。

だから、そのマイクロヒットっていうのは、一万部から数万部程度のヒットなんだろうと思うんですけども、おそらく、そのあたりに入ることは分かっている。つまり、大川隆法先生って方は、たぶん、堺雅人や菅野美穂は、そのあたりのターゲットに入ることを、ご認識なされて、やっているはずだと思うんですよ。

世界の中心神みたいなことを言っておられる方が、そんな、一女優の霊言なんか出すなんて、バカバカしい話ですけども、マイクロヒット的には、これで、もし三百万部も五百万部も売れたら、これは実を言うと、幸福の科学さんと大川隆法先生に迷惑《めいわく》がかかるんですよ。「菅野美穂で五百万部売った大川隆法」とか、

「幸福の科学」と言われると、そちら様に迷惑がかかる。こちらは、別に、イメージとしてはアップするかもしれませんけども、そちら様には迷惑がかかる。だけど、三万部とか五万部とかぐらいだったら、それは迷惑がかかるほどではなく、「そのくらい売れても当たり前だろうなあ」と、みんなは思う。

このあたりのところを狙ってらっしゃるようには見えるんですよねえ。

「悪女」役から「狂女《きょうじょ》」「幽霊《ゆうれい》」役まで〝描《えが》き分《わ》け〟られるか

菅野美穂守護霊　私は、やっぱり、できるだけいろいろなものを演じてみたい気持ちを自分では持ってるので、ピタッと「こんな役」というふうには思われたくない。

だから、いちばん難しいのは、さっき言った、美女のかわいい子ちゃんで、清純派路線だけで通す人もいるけど、役がちょっと回ってこなくなることはあって、年とともに、それはだんだん難しくなるんですよね。

それから、極端《きょくたん》なものとしては、その反対の「悪女」というか、そういう美人役をやってた人が殺人者になったりして、悪女役を演じてみるっていう、この極端のほうの、もう一つをやってみる。

さらにやらそうとすると、美人役のほうが年を取ってきて、やや「性格俳優」化してきて、美人役から、いいお母さんとか、いいおばさんとか、いいお婆《ばあ》さんとか、なんか、ちょっと含蓄《がんちく》のある感じのお話ができるような、そういう名演技ができる人になっていくあれですね。そういう役になっていく場合と、あとは、悪女、悪人の役をする場合。

それから、本当はいちばん難しいのは、「狂女《きょうじょ》」、狂《くる》った女の役ですね。私、これは得意なほうに入ると思うんですが、狂女の役というのは、簡単ではないんですよ。

これが地《じ》に見えたら、本当に大変なことですからねえ。「狂ってるのが地に見える」というのは、そんな簡単なことではないんです。

この狂女ができるか、あるいは、「幽霊《ゆうれい》」ができるか。このあたりができて、それがはまったら、一瞬《いっしゅん》の怖《こわ》さは、やっぱり、あることはありますけど、そこまで、なかなか演じ切れないところですよねえ。このへんは難しい。悪女よりも、さらに、狂女、あるいは、そうした幽霊なんかの役は、もう一段難しい役だと思うんです。

このへんまで、全部、〝描《えが》き分《わ》け〟られたら、それは、やっぱりすごいだろうとは思うんですけどねえ。

●黒《くろ》木《き》瞳《ひとみ》さんがやった、あの幽霊も、それなりに怖かったですね。ああいう美女役しかできないようにも見える方が、ほかの役もきちんとやられるので、それは、やはり、「心のひだの数と深さ」の問題だし、「人生経験の幅」の問題かなと思い

●**黒木瞳が演じた幽霊**　2007年に公開された映画「怪談」で演じられたもの。江戸時代、年の差のある色男に恋をした女の愛や激しい嫉妬を描いた作品。原作は三遊亭圓朝の落語『真景累ヶ淵』。

ますねえ。

俳優には「環境《かんきょう》に合わせて自分を変えていく力」が必要

天雲　それは、やはり、飽《あ》きられないために……。

菅野美穂守護霊　飽きられないことは大事ですよ。

天雲　そのためには、自分のなかに、強みやいろいろな面をつくり続けていかないといけないと思うんですけれども。

菅野美穂守護霊　いや、少なくとも、ちっちゃな小技《こわざ》はたくさん持ってないと駄《だ》目《め》で、ボクシングでいくと、「ストレートのパンチでしか決めない」とか、「アッパーカットしか決めない」とか、「あしたのジョー」で言えば、「クロスカウンター一本で戦い続ける」とかいうのは、役者の世界ではちょっと無理な話でして、やっぱり、次々と新しい工夫《くふう》が重ねられないと続かないですね。

天雲　そういう工夫というのは、人に見られる人間として、自分の強みをつくり続けながら、ある意味で、セルフプロデュース（自己演出）していく力、自分の強みやいろいろな面を自分で織り込んでいくような力が必要だと思うのですが、菅野さんは、それをどのように発揮されていますか。

菅野美穂守護霊　それは、「カメレオン力」と言えば、「カメレオン力」ですね。

天雲　カメレオン力⁉

菅野美穂守護霊　ですから、カメレオンは、もちろん自分の意志で動いているんだろうとは思うんです。自分の意志で動いてはいるんだけれども、周りの環境《かんきょう》に合わせて色を変えていきますよねえ。

ある種のタコとかもそうですし、周りの色に合わせてくる動物はいます。もちろん、自分で周りを見ながら合わせてくるんだけれども、ああいうのは、やっぱり、俳優、女優の元なるモデルの一つかと思うんですね。

環境に合わせて変わらなくてはいけない。

だけど、たいていの人間は、そんなに変わることはできないから、社長役を演じられる俳優だったら、平《ひら》の役をやるというのは、なかなか難しいですねえ。

例えば、男性の性格俳優であれば、西田敏行《にしだとしゆき》さんみたいな人は、将軍の役もすれば、「釣《つ》りバカ」みたいな役もでき、窓際《まどぎわ》社員の役もできる。まあ、そのくらい幅を持ってますね。やっぱり、そういうふうな幅を持っている人は成功していきますよねえ。

逆に、子役で成功しすぎた方、例えば、「ホーム・アローン」で成功された方は、二十代前半に、麻薬《まやく》か何かの犯罪で捕《つか》まったりしていますけど、やっぱり、鬱憤《うっぷん》がね……。かつて、ものすごく早く、華々《はなばな》しくヒットしてスターになった場合、いろいろな役を演じ分けることができない。役が来ないですからねえ。やっぱり、早く成功した人が、そのあと、もたなくなるというのが、とっても多い世界だなあというふうな気がする。

だけど、本当の主役というか、歌手でもアイドルでも、まあ、俳優でもいいんですけども、わりに早く、「十五ぐらいからずーっと出て、そのまま」っていう方も、いらっしゃることはいらっしゃるので、そういう方は、天性の才能が高い方なんだろうとは思いますけども。

●「ホーム・アローン」　クリスマスに一人留守番をすることになった少年と、彼の家に忍び込もうとする泥棒とのバトルを描いたコメディ映画。世界中で大ヒットし、主人公を演じた子役は世界的に有名になった。

私は、ある意味で、「〝女王の役しかできない俳優〟っていうのは悲しいな」という気持ちもあります。やっぱり、人生の万華鏡《まんげきょう》みたいなかたちで、社会のいろいろな面を表せる役になりたいなあと思う。

だから、農家の主婦の役ができたら、次は「婦人警官をやれ」と言われればやれるぐらいの……、うーん、次は「『ＳＰ』に菅野美穂でも使ってみようか」と思われるぐらいの、「その程度の役をやれ」と言われたら、役づくりに励《はげ》む自分でありたいなあという気持ちはありますねえ。

9 家族や同業者との「支え合い」

マスコミは常に芸能人の「家族」のところを狙《ねら》っている

愛染　やや別の話にはなりますが、「家族からスターを出す」というのは、とても大変なことではないかと思います。

そこで、菅野美穂さんのご家族の協力といいますか、お父様、お母様、また、ご主人の堺雅人《さかいまさと》さんの協力を、どのように感じておられるのか、お教えいただければと思います。

菅野美穂守護霊　難しいところに入ってきましたねえ。

まあ、スクリーンの上で見られる人間は、みんな、このへんの舞台裏《ぶたいうら》を見られるのはあまり好きではないので。

うーん、家族、特に夫のところは、今、非常に要警戒《けいかい》のところでありますし、もちろん、評判が立つ場合もあるんですが、いろいろなマスコミが、何らかの破綻《はたん》を報道できないか、狙《ねら》ってるんです。

だから、あなたがた宗教の気持ちも、私はよく分かるんです。私らはしょっちゅうやられていることでございますので。「どこかでやられるんじゃないか」とかね。

まあ、共演した人とは、必ず、「ラブラブになってるんじゃないか」とか、いつもウオッチされている状態でございますので、今回、海外旅行へ行った場合でも、やっぱり、通常の女性としての感覚で、「妻たる者が、こんなに家を空《あ》けて、海外に長く行って許されるのかどうか。非難を浴びないかどうか」というようなことは、いちおう感じたし、「夫のほうの演技なんかに影響《えいきょう》は出ないかどうか」とか、やっぱり考えることがあったので、「これから、少し自粛《じしゅく》していこうかな」と、今のところ思っているんです。でも、やっぱり本能が目覚めて、また仕事をしたくなってくることもあるかなあとは思うんですけど。

まあ、家族のところを言われると、ちょっと芸能系は弱くて、難しいんです。どこも、「矛盾《むじゅん》」と「葛藤《かっとう》」のなかにあります。

スターの家族には「自己犠牲《ぎせい》の精神」が必要

菅野美穂守護霊　やっぱり、誰《だれ》かがスターになるためには、必ず、縁《えん》の下の力持ちになる人が出ないと、うまくいかないんですよねえ。だから、みんながスターにはなれないんですよ。誰かが花咲《さ》くと、誰かがしぼむところがあるので。

夫婦でも、今、運勢を高め合うか、食い合うか。片方が駄目《だめ》になることもあったりするし、バランスが崩《くず》れると、また、「破局か」みたいなかたちで、いろいろ言われると、今度はダーティーなイメージが付いて、役柄《やくがら》まで、いろいろ言われることがあるんです。

いやあ、芸能界に出るような人を、今、育てておられるのかと思いますが、家族には、基本的に、期待もあるとは思うんだけど、ご迷惑《めいわく》がかかる職業だと思います。基本的には、そうだと思います。

だから、家族の方には、「自己犠牲《ぎせい》の精神」があって、自分ではないけれども、娘《むすめ》なり息子《むすこ》が、スターになって、テレビとか映画とかに出ているのを観《み》て、「うれしい」っていう気持ちで、ほかの部分の悲しみや苦しみを引き受けてくださる方がいらっしゃれば、うまくいきます。

だけども、それに対して、理解してくれない方がいたり、あるいは、まあ、結《けっ》婚《こん》したので、これからちょっとどうするか、私も迷ってるとこですけども、どうしても、ラブシーンみたいなのがたくさん出てくると、家族なんかでも、「あれは、よくなかった」とか、やはり、言う人は出てくるので。

「あれは、やりすぎだ」とか、「近所の人に恥《は》ずかしい」とか、「知り合いの人にいろいろ言われた」とか、そういう雑音が入ってきて、「あそこまでやるのか」みたいなことを言われたりするので、そのへんが、やっぱり気になるんです。

だから、家族でも、そのへんを我慢《がまん》して、ずーっと見守ってくれてるような方々に恵《めぐ》まれた人は幸福だけど、ちょっと、自分の仕事とか、人間関係とかに影響が出るのを嫌《いや》がる方の場合は、それを口になされるので、やっぱり、演技のほうに影響は出ますね。

今は、夫婦になったので、本当は腫《は》れ物に触《さわ》るような時代であって、今年、二冊、こういう本を出してくださるようでございますけれども（前掲《ぜんけい》『堺雅人の守護霊が語る 誰も知らない「人気絶頂男の秘密」』参照）、これも、「吉《きち》」と出るか

「凶」と出るか、分からないところがありますので、「なるべく、神様のご加護がありますように。夫の運が落ちませんように」と、もう願う一方です。

それと、私も、できるだけおとなしく、ご飯《はん》もつくれるようにしたいと思ってはいるけれども、「ときどきは好きな旅ができたり、たまには、そんなに負担がかからないぐらいの、いい役に出れるようにしたいなあ」とは思ってるんです。

ただ、それをやって、ちょっと、夫のほうが欲求不満になったりしてくると、また問題が出てきたりもするので、とても難しいんですけどね。

まあ、家庭には、そんなに多くを望んではいけないというのが、本当かと思います。あと、子供ができるかどうかという問題も、やっぱりあると思いますしねえ。

愛染　はい。ありがとうございます。

同業者にもファンの人にも愛されるための「心掛《こころが》け」

愛染　よく、芸能人の噂《うわさ》を耳にすることがあります。例えば、「同業者のなかでは評判がいいんだけれども、人気は出ていない」とか、「人気はあるんだけれども、同業者の間では、あまり評判がよくない」とか……。

菅野美穂守護霊　あ、なんか汗《あせ》が出てきます。そういう……。

愛染　いや、菅野美穂さんの場合は、「同業者の方の評価も、人気もある」、そういうスターでいらっしゃるんですけれども、何か心掛《こころが》けておられることはございますか。

菅野美穂守護霊　いつも考えていることは、「画面に映らない人たちへの感謝の気持ち」、これが大事だということです。

現在の自分があるのは、自分を引き立ててくれたり、応援《おうえん》してくれたり、支えてくれる方々、裏方の方々、舞台装置から演出から、してくださる方々のお陰《かげ》なんですよね。

●スタッフや共演者に支えられた「奇跡《きせき》のリンゴ」

菅野美穂守護霊　例えば、（映画「奇跡《きせき》のリンゴ」で）青森のリンゴを（撮影《さつえい》）するにしたって、まだ、葉っぱも出てないときから、みんな行って、「何月何日に出るか分からない」というようなことで、みんな待ってる。葉っぱが出て、花が咲き、リンゴが大きくなってくるのを、もう、すごい根気で、みなさん待ってくださってるんですよねえ。

それで、共演の阿部《あべ》さんなんかも、木に話しかけたり、一生懸命《いっしょうけんめい》やってらっしゃいましたけど、涙《なみだ》ぐましい演技で、あれが本物に見えるかどうかというのは、ものすごく難しいことですよねえ。

だって、あなた、演技指導をしてるんだったら、ほかの方にやらせてみたらいいと思うんですよ。リンゴの木でなくても、ほかの木でもいいですが、木を触《さわ》りながら、木に話しかけて、それが、実物で、本当にやってるように見える演技ができるのなら、そうとうなもんですよ。

犬や猫をかわいがって、それらしく見せるのは、そんなに難しいことではないと思う。

ただ、あんな、自然に生《は》えてるような、まあ、自然ではないけども、農園に生えてる、もう十年も実がならないリンゴの木に話しかけて、「よく頑張《がんば》ったなあ」みたいなことを言って、それでオッケーが出るのは、どれほどの難しさかっていうことですよ。

それに、共演の方は、土まで食べてましたからね。山の土を食べて、味を見て、「そうかあ。しまった！　ここが違《ちが》ってたんだあ」っていうわけです。

「農家は除草《じょそう》が大事だ。農薬を使って雑草を取らなければ、虫が出てくるっていうようなことで、やってたけど、山の木が自然に生えて、虫なんかもいないで大きくなっている。なぜなら、その周りに、草は生え放題で、自然の堆肥《たいひ》、肥料がたくさんできている。これが、彼らの生命力のもとだったんだ」っていうね。

このヒントが、無農薬リンゴの発見・発明につながっているんですが、そのときに、土を食べるシーンも出てきました。

いや、木に語りかけるシーンだって難しいけど、土を食べるシーンね、おたく様のスクール生に、「あなたは、リンゴ農家です。では、これから、土を食べるシーンをやってもらいます」と言ったって、そんな簡単にできるものじゃないですよ。それをやってみせられるっていうのは、いや、ものすごい根性《こんじょう》が要《い》ります。だから、「そういう、周りの人の名演技があって、それを支えてるように見せてる自分の演技が成立している」っていうか、「そのお互いの力が合わさって、成立してるんだ。たとえ主演であっても、自分一人の演技で成り立ってるわけじゃないんだ」という気持ちですかね。

●側室《そくしつ》やその予備軍の男性に支えられた「大奥《おおおく》」

菅野美穂守護霊　また、「大奥《おおおく》」では、女性の将軍みたいなのを演じたりしましたが、昔だったら、男の将軍がいて、周りにザーッと美女がはべってて、「今宵《こよい》はどの女性にするか」みたいにやってるところを、今度は、女性が、扇子《せんす》の先で、男の顎《あご》を上げて、まあ、面《おもて》を上げさせて、顔を見て、「この男にするかどうか」みたいなのを、逆にやってるところを見せる、とてもいやらしいシーンがありましたよね。なんか、世間《せけん》の女性の復讐《ふくしゅう》心を代弁してるようなシーンでしたけど。まあ、そんなのが、できるかどうか。こういうのは、悪女に見えるイメージですけどね。

でも、側室《そくしつ》ないしは、側室予備軍の役をしてる男性たちには、ジャニーズ系みたいな人が多いことは多いのですけれども、まあ、そんなに気持ちいい役では、たぶんなかろうと思うんですよ。とりあえず、役をもらえたので出ている方が多いんだろうし、悔《くや》しい気持ちもだいぶあるだろうと思うんです。「うーん、いくら何でも、こんな役か」って、やっぱり思うところもあると思うんだけども、そういう方々に支えてもらわなければ、女将軍なんていうのは、成り立たないわけです。

男（役）のほうが、みんな、ものすごく立派だったら、女将軍なんて、全然成り立たないですよ。それを、そういうふうに、それらしく見せてくれてるから、成り立つんですね。

それは、あなたがたがおっしゃる「縁起《えんぎ》の理法」かもしれないけども、そういう、「互いが支え合って生きている関係が、やっぱり、映画をつくっているし、ドラマをつくってるんだ」という気持ちを持ってるから、もし周りの人から悪く言われてないとするならば……。まあ、これは私は分からなくて、言われてるかもしれないので、あれですけど、言われてないとするならば、そういう面だと思います。

やっぱり、感謝以外ないです。成功には、もう感謝しかないと思います。

10 「幸福の科学」へのアドバイス

弟子《でし》の「仕事そのものに打ち込《こ》む姿勢」は本物か

竹内　私からの質問ですが、何か幸福の科学に対するアドバイスを頂ければと思います。

菅野美穂守護霊　はあ……。

竹内　宗教も、やはり人気が非常に大事でして、われわれ職員は、今、いろいろな事業に取り組んでおりますが、「一般《いっぱん》の方々に人気を得られるような人物を一人ひとり、どのように育てていくか」という課題を持っています。

菅野美穂さんからわれわれをご覧になって、「こうすれば人気を得られる」というポイントがありましたら、アドバイスを頂けますでしょうか。

菅野美穂守護霊　さあ。ちょっと越権《えっけん》というか、僭越《せんえつ》になるので、私のような者からアドバイスを受けては、おたく様の〝宗教の権威《けんい》〟にかかわるのではないかと思うのですが。まあ、私も、それほど大家《たいか》ではありませんし、大物女優ではありませんので、言えないんですけれども。

うーん、差し障《さわ》りのない範囲《はんい》で申し上げるとするならば、もし、お弟子《でし》さんのみなさまがたが、「自分にもっと人気が出れば、教団が大きくなる」というふうに思っておられるんだったら、私は間違《まちが》いだと思います。

それは間違いで、人気っていうのが出て、人から評価が勝手に集まってきて、スターになれるような感じに、もし思ってるなら、それは間違いだと思います。

そんなことではなくて、やっぱり、仕事に打ち込《こ》んで、その仕事に打ち込む姿が本物で、美しくて、人を感動させるものであればこそ、人を惹《ひ》きつけるのであって、「人気を得たら、教団に貢献《こうけん》できる」と思うかもしれないけれども、それは、本道のように見えて、邪道《じゃどう》だと思います。

そうではなくて、やっぱり、仕事そのものに打ち込む姿勢が熱心で真剣《しんけん》で、そして、周りの人への感謝を忘れずに、堅実《けんじつ》な努力を重ねていくところに、自然しぜんに人気が出てくるんです。

今、自分を見てくれる人や応援《おうえん》してくれる人が少ないとか、票を入れてくれる人が少ないとか、信者になってくれる人が少ないとか、あると思いますけども、それを人気女優や人気歌手みたいな気持ちで行ったら、やっぱり、基本的に間違いで、そういう空気に左右されるようなものであっては、宗教というのは、よろしくないのではないかと思うんですねえ。

だから、天候に左右されずに、雨でも晴れでも風でも嵐《あらし》でも、何でも進んでいくような、そういう自分でなければいけないんじゃないかなあというふうに思うんです。

私たちは、天候に左右されることもあります。雨のシーンでの撮影《さつえい》なら雨が必要です。しかし、晴れのシーンのときに雨が降られたら、やっぱり撮影できません。風のシーンで、一生懸命《いっしょうけんめい》、人工の風を起こしてくださってるスタッフの方もいらっしゃいます。

まあ、いろいろなことをして、そういう環境《かんきょう》をつくらないとできないんですけども、みなさまがたは、周りから、外から来る風で、凧《たこ》が揚《あ》がるような気持ちで、修行《しゅぎょう》なされてはならないんではないか、というふうに思います。

師の仕事の意味を理解し「コツコツと広げる努力」を

菅野美穂守護霊　私のような外部の者が、分かったようなことを言うのは、たいへん失礼だとは思いますけれども、教祖《きょうそ》をなされている大川総裁そのものが、やはり、地道にコツコツと積み上げておられるんじゃないかと思うんですよね。

例えば、「堺雅人《さかいまさと》の霊言《れいげん》を録《と》れば、必ず、菅野美穂のも欲《ほ》しいっていう人が出てくるだろうな」と、読む人の気持ちになって予想される。まあ、大《たい》した内容ではないけれども、やっぱり、こういうもの（本霊言）でも、読みたいという人は、必ず出てくるのを無視してはいけないなという気持ちを、純粋《じゅんすい》に持ってるんだろうと思うんですよ。読む人の側の気持ちが、お分かりになるんだと思うんです。

それで、私のために、こんな貴重な時間を割《さ》いてくださってるんだと思うので、やっぱり、総裁も、ホームランをいつも狙《ねら》ってるわけではなくて、毎日、自分のやれることをこなしていこうとなされてるんだと思うんですよ。

だから、お弟子さんのほうの仕事は、「その先生のなされた仕事を、どうやって一人でも多くの方に理解してもらうか。知ってもらうか。その仕事を、死なせずに、生かしていくか」、そういう努力なんじゃないかと思うので、どっちかといえば、銀幕《ぎんまく》のスターの主役、主演男優・女優ではなくて、本当は、周りでやってるスタッフのほうの仕事に近い部分が多いと思うんです。

それは、カメラには映らないところなので、「そこでどれだけいい仕事をしているか」っていうことは、なかの人は知ってるけれども、外の人には知られないかもしれない。だけど、そのへんのところの努力が必要で、先生のお仕事は、そのへんのスタッフの努力があってこそ立派に見えるんです。

先生がお仕事をされても、それに対して、どれほど、それが難しいことなのかっていうことが分からない、要するに、さっき言った、解釈力《かいしゃく》がないお弟子さんだった場合は、それを広げることとか、あるいは、それを広げる説法（せっぽう）をして、人気を取るなんていうことは、ありえないんじゃないかなあと私は思います。

私が読めないような難しい本も、ほかにたくさん出てるはずなんですよ。

そういう方が、お時間をつくられて、菅野美穂ごときの映画とか、ドラマとかに関心を持たれて、研究されてるなんていうのは、まことにまことに申し訳ないお話であって、こういうのは、本当は女性誌あたりのインタビューや、そんなところで十分な内容ですのに、日本の総理に対して意見を言うような方が、こういうのをやってくださる。それは、私にとっては、とても光栄なことではありますけども、先生が、そういうふうな難しい勉強もされている合間に、こういう、私みたいな者に対しても、アンテナを張ってくださっているのは、やっぱり、これも、「衆生救済《しゅじょうきゅうさい》に何か役に立つのではないか」という目を持っておられるからだと思うんですね。

だから、どうか、もうちょっと地味であっていいから、地味にコツコツとやってると、結果的に人気が出ることがあるんであって、派手にやったら人気が出るかと思うと、空振《からぶ》って、かえって、信者のみなさんや外部の方からも嫌《きら》われることになるんじゃないかと思うんです。

それは、お弟子さんのほうの、「早く結果を出さなくてはいけない」という焦《あせ》りなのかもしれませんが、やっぱり、一定の犠牲《ぎせい》を払《はら》わなければ、そういう自己実現というのは成り立たないものなんじゃないかなあと思いますね。

竹内　貴重なアドバイスをありがとうございます。

11 菅野美穂の「魂《たましい》のルーツ」とは

役割は観音《かんのん》の「手」や「顔」の一つ

天雲　今、「『感謝』や『仕事に対する真摯《しんし》な姿勢』が大切である」というお話がありました。また、先ほどは、「千手観音《せんじゅかんのん》」のお話や、「天照様《あまてらす》のご指導を受けている」というお話もありました。

きっと、菅野さんの魂《たましい》の記憶《きおく》のなかには、「信仰《しんこう》」や「宗教」とのかかわりというものが、すごく強いのではないかと思います。

その意味で、パストライフ（過去世《かこぜ》）といいますか、守護霊様のお名前を、明かしていただけないでしょうか。

菅野美穂守護霊　うーん。あまり偉《えら》くなってしまったら、やっぱり芸人は終わりですので、こういう有名な人だったみたいなことを言うのは、私としては、ちょっとあれですけれどもね。

うーん、秋元康《あきもとやすし》さんが世阿弥《ぜあみ》（『AKB48 ヒットの秘密』〔幸福の科学出版刊〕参照）だとかいうのは、けっこう、マスコミにも流れているようですが、ああいう方であれば、もうよろしいと思うんです。大成されている方ですので、世阿弥でも構わないと思うんですけども、私のようなものは、まだ、今後、消えてしまうかもしれない、一年後は消えているかもしれない存在

2013年7月28日、秋元康氏守護霊の霊言を収録。AKB48の成功の秘密を語るとともに、自らの過去世を、芸道の大家・世阿弥であると明かした。（幸福の科学出版）

ですので、そういう偉そうなことを言ったら、もうそれで終わりだと、だいたい思っております。

ただ、仕事的には、先ほど言いましたように、そう偉いものではないけども、「千手観音の、千本の手のなかの一本」「十一面観音の顔の一つ」、まあ、そういうふうな役割なのかなあというふうには思っています。

御神事《ごしんじ》のときに「巫女《みこ》」や「シャーマン」をやっていた?

竹内　天照様のお名前をおっしゃっていましたが、天宇受売命《あめのうずめのみこと》様とか、そうした方面の方とも関係はあるのですか。

菅野美穂守護霊　まあ、そういうことは語りません。夫との関係があるので、あまり微妙《びみょう》な言葉は、もう……。

竹内　夫との関係ですか。

菅野美穂守護霊　あちらは、警《けい》戒《かい》してますので。前回の霊言《れいげん》で、警戒しておられましたのでね。

「『菅野美穂の夫』と言われて、箔《はく》が付いた」みたいに言われるのは嫌《いや》がってはおりますし、私も、あくまでも、「妻でありたい」と思ってます。あまり、そういう、大きなホラを吹《ふ》くと、やっぱり家庭崩壊《ほうかい》が起きますのでね。だから、できるだけ引き下げたいと思いますが、ほかのところでは、「巫女《みこ》さんだ」とか言われたり、「シャーマンだ」みたいなことを言われたりすることは

天宇受売命
『古事記』『日本書紀』に伝わる神話・「岩戸隠れ」に登場する芸能の女神。須佐之男命の乱暴な行状に怒った天照大神が岩戸に隠れた際、神々の一計により、岩戸の前で舞を踊ったとされる。

大川隆法の転生には、インドにおけるゴータマ・シッダールタ(2500年前)、ギリシャにおけるヘルメス(4300年前)、オフェアリス(6500年前)、古代インカ(アンデス)におけるリエント・アール・クラウド(7000年前)などがある(大川隆法製作総指揮 映画「太陽の法」〔2000年〕・映画「黄金の法」〔2003年〕より)。

ありますし、そういう体質はあって、過去、宗教にもかかわったことはございます。

ですから、インドとかギリシャとかアンデスとかに、大川隆法先生がお出になられたあたりのときに、私は存在した記憶がございます。

まあ、これ以上言うと言いすぎるので、もう言いませんけれども、「そういう御神事《ごしんじ》があるときに、何かやっていた」ということだろうとは思いますが、それは決して偉いということでなくて、千手観音の手の一本という……。

竹内　いつも、女性として出られることが多いのですか。

菅野美穂守護霊　女性が、やっぱり多い……、女性でしょうね。基本的に女性が多いですねえ。

天雲　今、日本人として生まれられている意味はございますか。

菅野美穂守護霊　うーん、厳しいところを突《つ》いてこられますねえ。いや、私は、まだ、硬派《こうは》の番組に出られるほどの知能がないので、難しいことはよく分かりませんが、日本の神々が、今、非常に、騒《さわ》ぎ立《だ》っているときでございまして、「何かお手伝いができるような時代になるのかなあ」というふうな気持ちで出たというところはあります。

竹内　分かりました。そこは、まだ明かせないということですかね。

菅野美穂守護霊　ええ。そんなに……。もう、死ぬ前ぐらいに訊《き》いてくだされば……。

竹内　分かりました（笑）。今日は、本当にさまざまなアドバイスをわれわれに頂き、そして、読者のみなさまにも……。

菅野美穂守護霊　私よりよっぽど美しいみなさまがたが出ておられるので、（竹内に）あなたも「大奥《おおおく》」に出られたかもしれない……。

竹内　いえいえ（笑）、出れませんので。

菅野美穂守護霊　スカウトしちゃうかも。

竹内　いいえ。出れませんので、大丈夫《だいじょうぶ》です。

菅野美穂守護霊　（笑）

竹内　本日は、長い時間にわたりまして、ありがとうございました。

菅野美穂守護霊　ありがとうございました。

菅野美穂守護霊の霊言《れいげん》を終えて

大川隆法　（手を一回叩く）はい。やはり、思ったとおり、かなり宗教的な人ですね。

竹内　そうですね。

大川隆法　これは、明らかに宗教的魂《たましい》です。

竹内　はい。宗教家ですね。はい。

大川隆法　例えば、伊勢神宮《いせじんぐう》でも「奉納の舞《ほうのうのまい》」をしているし、ええ、まあ、ほかのところでも、いろいろやっていますから。インドでも確かに「踊《おど》り」を踊っていて、あれが、「ボリウッド」のもとにはなっているのでしょう。たぶん、「仏教音楽」もあれば、「舞」もあるわけですし、ジャイナ教やヒンズー教等でも同じです。御神事《ごしんじ》のときには必ずあるものなのです。

おそらく、そういうことにかかわった方であることは間違《まちが》いないでしょう。ギリシャ辺りにもいそうな感じが確かにします。

ただ、こういう方々は、今の段階では、不特定多数の人から人気を得なくてはいけないので、色を付けたり、型にはめたりするのは、あまりよいことではないとは思います。したがって、〝カメレオン〟でよろしいのではないでしょうか。

ぜひ、ご夫婦《ふうふ》そろって、今後ともご活躍《かつやく》ください。私の本の内容の一端《いったん》なりとも、演技のお役に立てていただければありがたいと思っています。

竹内　ありがとうございました。

大川隆法　ありがとうございました。

あとがき

女優・菅野美穂さんの守護霊霊言をしてみて、「信仰心」や「感謝の心」を強く感じた。

多くの人々の心をうるおす仕事はなかなか大変だろう。一ファンとしては過ぎた言葉とは思うが、多くの人の心を魅きつける技術というのは、すべての職業で成功していくための王道でもある。

本書一冊に成功の秘密が満載されている。時折、ひもといてみれば、ハッとしたヒントに気づくはずである。

一宗教家が見た、「魅せるオンナ、カンノのヒミツ」があたっているかどうかは、多くの読者にお任せしよう。ご主人の守護霊霊言集と共に、成功論の本として幅広く読んで頂ければ幸いである。

二〇一四年　二月十八日

幸福《こうふく》の科学《かがく》グループ創始者兼総裁《そうししゃけんそうさい》　大川隆法《おおかわりゅうほう》

『魅せる技術』大川隆法著作関連書籍

『堺雅人の守護霊が語る 誰も知らない「人気絶頂男の秘密」』（幸福の科学出版刊）
『軍師・黒田官兵衛の霊言』（同右）
『AKB48 ヒットの秘密』（同右）

魅《み》せる技術《ぎじゅつ》
――女優・菅野美穂 守護霊メッセージ――

2014年3月4日　初版第1刷

著　者　大《おお》川《かわ》隆《りゅう》法《ほう》

発行所　幸福の科学出版株式会社
〒107-0052 東京都港区赤坂2丁目10番14号
TEL(03)5573-7700
http://www.irhpress.co.jp/
印刷・製本　株式会社 堀内印刷所

落丁・乱丁本はおとりかえいたします

ISBN978-4-86395-443-4 C0076
写真：読売新聞／アフロ　Ricardo Liberato　アフロ　Bamse　dpa/時事通信フォト

大川隆法霊言シリーズ・成功の秘密を探る

堺雅人の守護霊が語る 誰も知らない「人気絶頂男の秘密」

個性的な脇役から空前の大ヒットドラマの主役への躍進。いま話題の人気俳優・堺雅人の素顔に迫る110分間の守護霊インタビュー!

1,400円

天才打者イチロー 4000本ヒットの秘密

プロフェッショナルの守護霊は語る

イチローの守護霊が明かした一流になるための秘訣とは? 内に秘めたミステリアスなイチローの本心が、ついに明らかに。過去世は戦国時代の剣豪。

1,400円

AKB48 ヒットの秘密

マーケティングの天才・秋元康に学ぶ

放送作家、作詞家、音楽プロデューサー。30年の長きに渡り、芸能界で成功し続ける秘密はどこにあるのか。前田敦子守護霊の言葉も収録。

1,400円

※表示価格は本体価格(税別)です。

大川隆法ベストセラーズ・神秘の扉が開く

神秘の法

次元の壁を超えて

この世とあの世を貫く秘密を解き明かし、あなたに限界突破の力を与える書。この真実を知ったとき、底知れぬパワーが湧いてくる!

1,800円

創造の法

常識を破壊し、新時代を拓く

斬新なアイデアを得る秘訣、究極のインスピレーション獲得法など、仕事や人生の付加価値を高める実践法が満載。

1,800円

不滅の法

宇宙時代への目覚め

「霊界」「奇跡」「宇宙人」の存在。物質文明が封じ込めてきた不滅の真実が解き放たれようとしている。この地球の未来を切り拓くために。

2,000円

幸福の科学出版

大川隆法 霊言シリーズ・女神からのメッセージ

天照大神の未来記

この国と世界をどうされたいのか

日本よ、このまま滅びの未来を選ぶことなかれ。信仰心なき現代日本に、この国の主宰神・天照大神から厳しいメッセージが発せられた!

1,300円

天照大神の御《み》教《おし》えを伝える

全世界激震の予言

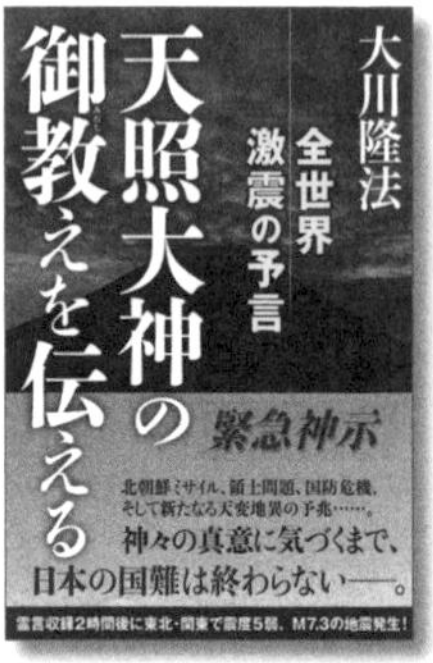

信仰を失い、国家を見失った現代人に、日本の主宰神・天照大神が下された三度目の警告。神々の真意に気づくまで、日本の国難は終わらない。

1,400円

女性リーダー入門

卑弥呼・光明皇后が贈る、現代女性たちへのアドバイス

自己実現の先にある理想の生き方について、日本の歴史のなかでも名高い女性リーダーからのアドバイス。

1,200円

※表示価格は本体価格(税別)です。

比較宗教学から観た「幸福の科学」学・入門

性のタブーと結婚・出家制度

同性婚、代理出産、クローンなど、人類の新しい課題への答えとは？ 未来志向の「正しさ」を求めて、比較宗教学の視点から、仏陀の真意を検証する。

1,500円

「現行日本国憲法」をどう考えるべきか

天皇制、第九条、そして議院内閣制

憲法の嘘を放置して、解釈によって逃れることは続けるべきではない──。現行憲法の矛盾や問題点を指摘し、憲法のあるべき姿を考える。

1,500円

恋愛学・恋愛失敗学入門

恋愛と勉強は両立できる？ なぜダメンズと別れられないのか？ 理想の相手をつかまえるには？ 幸せな恋愛・結婚をするためのヒントがここに。

1,500円

未来にどんな発明があるとよいか

未来産業を生み出す「発想力」

日常の便利グッズから宇宙時代の発明まで、「未来のニーズ」をカタチにするアイデアの数々。その実用性と可能性を分かりやすく解説する。

1,500円

大川隆法ベストセラーズ・未来への進むべき道を指し示す

忍耐の法

「常識」を逆転させるために

第１章　スランプの乗り切り方
——運勢を好転させたいあなたへ

第２章　試練に打ち克つ
——後悔しない人生を生き切るために

第３章　徳の発生について
——私心を去って「天命」に生きる

第４章　敗れざる者
——この世での勝ち負けを超える生き方

第５章　常識の逆転
——新しい時代を拓く「真理」の力

2,000円

法シリーズ
第20作

人生のあらゆる苦難を乗り越え、夢や志を実現させる方法が、この一冊に——。混迷の現代を生きるすべての人に贈る待望の「法シリーズ」第20作！

「正しき心の探究」の大切さ

靖国参拝批判、中・韓・米の歴史認識……。「真実の歴史観」と「神の正義」とは何かを示し、日本に立ちはだかる問題を解決する、2014年新春提言。

1,500円

※表示価格は本体価格（税別）です。

大川隆法霊言シリーズ・最新刊

日本よ、国家たれ!
元台湾総統 李登輝守護霊
魂のメッセージ

「歴史の生き証人」李登輝・元台湾総統の守護霊が、「日本統治時代の真実」と「先の大戦の真相」を激白! その熱きメッセージをすべての日本人に。

1,400円

守護霊インタビュー
駐日アメリカ大使
キャロライン・ケネディ
日米の新たな架け橋

先の大戦、歴史問題、JFK暗殺の真相……。親日派とされるケネディ駐日米国大使の守護霊が語る、日本への思いと日米の未来。

1,400円

クローズアップ
国谷裕子キャスター
NHKの〝看板〟を霊査する

NHKは公正中立な「現代を映す鏡」なのか?「クローズアップ現代」国谷キャスターの知られざる本心に迫る。衝撃の過去世も次々と明らかに!

1,400円

幸福の科学グループのご案内

宗教、教育、政治、出版などの活動を通じて、
地球的ユートピアの実現を目指しています。

宗教法人　幸福の科学

一九八六年に立宗。一九九一年に宗教法人格を取得。信仰の対象は、地球系霊団の最高大霊、主エル・カンターレ。世界百カ国以上の国々に信者を持ち、全人類救済という尊い使命のもと、信者は、「愛」と「悟り」と「ユートピア建設」の教えの実践、伝道に励んでいます。

（二〇一四年二月現在）

愛

幸福の科学の「愛」とは、与える愛です。これは、仏教の慈悲《じひ》や布施《ふせ》の精神と同じことです。信者は、仏法真理をお伝えすることを通して、多くの方に幸福な人生を送っていただくための活動に励んでいます。

悟り

「悟り」とは、自らが仏の子であることを知るということです。教学《きょうがく》や精神統一によって心を磨き、智慧《ちえ》を得て悩みを解決すると共に、天使・菩薩《ぼさつ》の境地を目指し、より多くの人を救える力を身につけていきます。

ユートピア建設

私たち人間は、地上に理想世界を建設するという尊い使命を持って生まれてきています。社会の悪を押しとどめ、善を推し進めるために、信者はさまざまな活動に積極的に参加しています。

国内外の世界で貧困や災害、心の病で苦しんでいる人々に対しては、現地メンバーや支援団体と連携して、物心両面にわたり、あらゆる手段で手を差し伸べています。

年間約３万人の自殺者を減らすため、全国各地で街頭キャンペーンを展開しています。

公式サイト **www.withyou-hs.net**

ヘレン・ケラーを理想として活動する、ハンディキャップを持つ方とボランティアの会です。視聴覚障害者、肢体不自由な方々に仏法真理を学んでいただくための、さまざまなサポートをしています。

公式サイト **www.helen-hs.net**

INFORMATION

お近くの精舎・支部・拠点など、お問い合わせは、こちらまで！

幸福の科学サービスセンター

TEL. 03-5793-1727 (受付時間 火～金：10～20時／土・日：10～18時)

宗教法人 幸福の科学 公式サイト happy-science.jp

教育

学校法人
幸福の科学学園

学校法人 幸福の科学学園は、幸福の科学の教育理念のもとにつくられた教育機関です。人間にとって最も大切な宗教教育の導入を通じて精神性を高めながら、ユートピア建設に貢献する人材輩出を目指しています。

幸福の科学学園

中学校・高等学校（那須本校）

2010年4月開校・栃木県那須郡（男女共学・全寮制）

TEL **0287-75-7777**

公式サイト **happy-science.ac.jp**

関西中学校・高等学校（関西校）

2013年4月開校・滋賀県大津市（男女共学・寮及び通学）

TEL **077-573-7774**

公式サイト **kansai.happy-science.ac.jp**

幸福の科学大学（仮称・設置認可申請予定）

2015年開学予定

TEL **03-6277-7248**（幸福の科学 大学準備室）

公式サイト **university.happy-science.jp**

仏法真理塾「サクセスNo.1」 TEL **03-5750-0747**（東京本校）

小・中・高校生が、信仰教育を基礎にしながら、「勉強も『心の修行』」と考えて学んでいます。

不登校児支援スクール「ネバー・マインド」 TEL **03-5750-1741**

心の面からのアプローチを重視して、不登校の子供たちを支援しています。
また、障害児支援の**「ユー・アー・エンゼル!」**運動も行っています。

エンゼルプランV TEL **03-5750-0757**

幼少時からの心の教育を大切にして、信仰をベースにした幼児教育を行っています。

シニア・プラン21 TEL **03-6384-0778**

希望に満ちた生涯現役人生のために、年齢を問わず、多くの方が学んでいます。

NPO 活動支援

学校からのいじめ追放を目指し、さまざまな社会提言をしています。また、各地でのシンポジウムや学校への啓発ポスター掲示等に取り組むNPO「いじめから子供を守ろう！ネットワーク」を支援しています。

公式サイト **mamoro.org**

相談窓口 **TEL.03-5719-2170**

ブログ **mamoro.blog86.fc2.com**

政治

幸福実現党

内《ない》憂《ゆう》外《がい》患《かん》の国難に立ち向かうべく、二〇〇九年五月に幸福実現党を立党しました。創立者である大川隆法党総裁の精神的指導のもと、宗教だけでは解決できない問題に取り組み、幸福を具体化するための力になっています。

党員の機関紙「幸福実現NEWS」

TEL 03-6441-0754
公式サイト hr-party.jp

出版メディア事業

幸福の科学出版

大川隆法総裁の仏法真理の書を中心に、ビジネス、自己啓発、小説など、さまざまなジャンルの書籍・雑誌を出版しています。他にも、映画事業、文学・学術発展のための振興事業、テレビ・ラジオ番組の提供など、幸福の科学文化を広げる事業を行っています。

アー・ユー・ハッピー？
are-you-happy.com

ザ・リバティ
the-liberty.com

幸福の科学出版
TEL 03-5573-7700
公式サイト irhpress.co.jp

THE FACT
ザ・ファクト
マスコミが報道しない「事実」を世界に伝えるネット・オピニオン番組

Youtubeにて
随時好評配信中！

ザ・ファクト 検索

入会のご案内

あなたも、幸福の科学に集い、
ほんとうの幸福を
見つけてみませんか？

幸福の科学では、大川隆法総裁が説く仏法真理をもとに、「どうすれば幸福になれるのか、また、他の人を幸福にできるのか」を学び、実践しています。

入会

大川隆法総裁の教えを信じ、学ぼうとする方なら、どなたでも入会できます。入会された方には、『入会版「正心法語」』が授与されます。（入会の奉納は1,000円目安です）

ネットでも**入会**できます。詳しくは、下記URLへ。
happy-science.jp/joinus

三帰《さんき》誓願《せいがん》

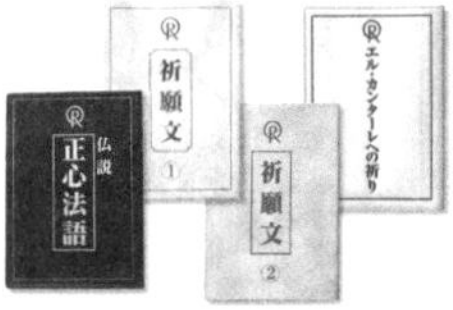

仏弟子としてさらに信仰を深めたい方は、仏・法・僧の三宝への帰依を誓う「三帰誓願式」を受けることができます。三帰誓願者には、『仏説・正心法語』『祈願文①』『祈願文②』『エル・カンターレへの祈り』が授与されます。

植福《しょくふく》の会

植福は、ユートピア建設のために、自分の富を差し出す尊い布施の行為です。布施の機会として、毎月1口1,000円からお申込みいただける、「植福の会」がございます。

「植福の会」に参加された方のうちご希望の方には、幸福の科学の小冊子（毎月1回）をお送りいたします。詳しくは、下記の電話番号までお問い合わせください。

月刊「幸福の科学」

ザ・伝道

ヤング・ブッダ

ヘルメス・エンゼルズ

INFORMATION
幸福の科学サービスセンター
TEL. **03-5793-1727**（受付時間 火〜金：10〜20時／土・日：10〜18時）
宗教法人 幸福の科学 公式サイト **happy-science.jp**